隨身佛典

中阿含經

東晉罽賓三藏瞿曇僧伽提婆 譯

隨身佛典

中阿含經

東晉罽賓三藏瞿曇僧伽提婆 譯

隨身佛典

中阿含經

東晉罽賓三藏瞿曇僧伽提婆　譯

隨身佛典

中阿含經

東晉罽賓三藏瞿曇僧伽提婆 譯

隨身佛典

中阿含經

第四冊

卷二十一～卷二十八

東晉罽賓三藏瞿曇僧伽提婆 譯

目錄（第四冊）

林品第十

中阿含經卷第二十一

東晉罽賓三藏瞿曇僧伽提婆譯

（八四）中阿含長壽王品無刺經第十三（第二小土城誦）

我聞如是：一時，佛遊鞞舍離，在獼猴江邊高樓臺觀。

此諸名德、長老上尊、大弟子等，謂遮羅、優簸遮羅、賢善、賢患、無患、耶舍上稱，如是比諸名德、長老上尊、大弟子等，亦遊鞞舍離獼猴江邊高樓臺觀，並皆近佛葉屋邊住。

諸鞞舍離麗掣，聞世尊遊鞞舍離獼猴江邊高樓臺觀，便作是念：「我等寧可作大如意足，作王威德，高聲唱傳，出鞞舍離往詣佛所供養禮事。」

時諸名德、長老上尊、大弟子等，聞諸鞞舍離麗掣作大如意足，作王威德，高聲唱傳，出鞞舍離來詣佛所供養禮事，便作是念：「禪以聲為刺，世尊亦說禪以聲為刺，我等寧可往詣牛角娑羅林，在彼無亂遠離獨住，閑居靜處宴坐思惟。」

於是諸名德、長老上尊、大弟子等，往詣牛角娑羅林，在彼無亂遠離獨住，閑居靜處宴坐思惟。

爾時眾多鞞舍離麗掣作大如意足，作王威德，高聲唱傳，出鞞舍離往詣佛所供養禮事。或有鞞舍離麗掣，稽首佛足，却坐一面；或有與佛共相問訊，却坐一面；或有叉手向佛，却坐一面；或有遙見佛已，默然而坐。彼時衆多鞞舍離麗掣各坐已定，世尊為彼說法，勸發渴仰，成就歡喜。無量方便為彼說法，勸發渴仰，成就歡喜已，默然而住。於是衆多鞞舍離麗掣，世尊為彼說法，勸發渴仰，成就歡喜已，即從坐起，稽首佛足，繞三匝而去。

鞞舍離麗掣去後不久，於是世尊問諸比丘：「諸長老上尊、大弟子等為至何許？」

諸比丘白曰：「世尊！諸長老上尊、大弟子等，聞諸鞞舍離麗掣作大如意足，作王威德，高聲唱傳，出鞞舍離來詣佛所供養禮事，便作是念：『禪以聲為刺，世尊亦說禪以聲為刺，我等寧可往詣牛角娑羅林，在彼無亂遠離獨住，閑居靜處宴坐思惟。』世尊！諸長老上尊、大弟子等共往詣彼。」

於是世尊聞已嘆曰：「善哉！善哉！若長老上尊、大弟子等應如是說：『禪以聲為刺，世尊亦說禪以聲為刺。』所以者何？我實如是說禪有刺。持戒者以犯戒為刺，護諸根者以嚴飾身為刺，修習惡露者以淨相為刺，修習慈心者以恚為刺，離酒者以飲酒為刺，梵行者以見女色為刺；入初禪者以聲為刺，入第二禪者以覺觀為刺，入第三禪者以喜為刺，入第四禪者以入息、出息為刺；入空處者以色想為刺，入識處者以空處想為刺，入無所有處者以識處想為刺，入無想處者以無所有處想為刺，入想知滅定者以想知為刺。復次，有三刺：欲刺、恚刺、愚癡之刺。此三刺者，漏盡阿羅訶已斷、已知，拔絕根本，滅不復生，是為阿羅訶無刺、阿羅訶離刺、阿羅訶無刺離刺。」

佛說如是，彼諸比丘聞佛所說，歡喜奉行。

無刺經第十三竟八百三十五字

（八五）中阿含長壽王品真人經第十四第二小土城誦

我聞如是：一時，佛遊舍衞國，在勝林給孤獨園。

爾時世尊告諸比丘：「我今為汝說真人法及不真人法，諦聽！諦聽！善思念之！」

時，諸比丘受教而聽。佛言：「云何不真人法？或有一人是豪貴族出家學道，餘者不然。彼因是豪貴族故，自貴賤他，是謂不真人法。真人法者，作如是觀：我不因此是豪貴族故，斷婬、怒、癡。或有一人不是豪貴出家學道，彼行法如法，隨順於法，向法次法，彼因此故，得供養恭敬。如是趣向得真諦法者，不自貴不賤他，是謂真人法。

「復次，或有一人端正可愛，餘者不然。彼因端正可愛故，自貴賤他，是謂不真人法。真人法者，作如是觀：我不因此端正可愛故，斷婬、怒、癡。或有一人不端正可愛，彼行法如法，隨順於法，向法次法，彼因此故，得供養恭敬。如是趣向得真諦法者，不自貴不賤他，是謂真人法。

「復次，或有一人才辯工談，餘者不然。彼因才辯工談故，自貴賤他，是謂不真人法。真人法者，作如是觀：我不因此才辯工談故，斷婬、恚、癡。或有一人無才辯工談，彼行法如法，隨順於法，向法次法；彼因此故，得供養恭敬。如是趣向得真諦法者，不自貴不賤他，是謂真人法。

「復次，或有一人是長老，為王者所識及衆人所知而有大福，餘者不然。彼因是長老，為王者所識及衆人所知而有大福故，自貴賤他，是謂不真人法。真人法者，作如是觀：我不因此是長老，為王者所識及衆人所知而有大福故，斷婬、恚，癡。或有一人非是長老，不為王者所識及衆人所知亦無大福，彼行法如法，隨順於法，向法次法；

彼因此故，得供養恭敬。如是趣向得真諦法者，不自貴不賤他也，是謂真人法。

「復次，或有一人誦經、持律、學阿毘曇，諳阿含慕，多學經書，餘者不然。彼因諳阿含慕，多學經書故，自貴賤他，是謂不真人法。真人法者，作如是觀：我不因此諳阿含慕，多學經書故，斷婬、怒、癡。或有一人不諳阿含慕，亦不多學經書，彼行法如法，隨順於法，向法次法；彼因此故，得供養恭敬。如是趣向得真諦法者，不自貴不賤他，是謂真人法。

「復次，或有一人著糞掃衣，攝三法服，持不慢衣，餘者不然。彼因持不慢衣故，自貴賤他，是謂不真人法。真人法者，作如是觀：

我不因此持不慢衣故，斷婬、怒、癡。或有一人不持不慢衣，彼行法如法，隨順於法，向法次法；彼因此故，得供養恭敬。如是趣向得真諦法者，不自貴不賤他，是謂真人法。

「復次，或有一人常行乞食，飯齊五升，限七家食，或復一食，過中不飲漿，餘者不然。彼因過中不飲漿故，自貴賤他，是謂不真人法。真人法者，作如是觀：我不因此過中不飲漿故，斷婬、怒、癡。或有一人不斷過中飲漿，彼行法如法，隨順於法，向法次法；彼因此故，得供養恭敬。如是趣向得真諦法者，不自貴不賤他，是謂真人法。

「復次，或有一人在無事處，山林樹下或住高巖，或止露地，或處塚間，或能知時，餘者不然。彼因此知時故，自貴賤他，是謂不真人法。真人法者，作如是觀：我不因此知時故，斷婬、恚、癡。或有一人而不知時，彼行法如法，隨順於法，向法次法；彼因此故，得供養恭敬。如是趣向得真諦法者，不自貴不賤他，是謂真人法。

「復次，或有一人逮得初禪，彼因得初禪故，自貴賤他，是謂不真人法。真人法者，作如是觀：初禪者，世尊說無量種，若有計者是謂愛也。彼因此故，得供養恭敬。如是趣向得真諦法者，不自貴不賤他，是謂真人法。復次，或有一人得第二、第三、第四禪，得空處、識處、無所有處、非有想非無想處，餘者不然。彼因得非有想非無想處故，自貴賤他，是謂不真人法。真人法者，作如是觀：非有想非無想處，世尊說無量種，若有計者是謂愛也。彼因此故，得供養恭敬。

如是趣向得真諦法者，不自貴不賤他，是謂真人法。諸比丘！是謂真人法、不真人法，汝等當知真人法、不真人法。知真人法、不真人法已，捨離不真人法，學真人法，汝等當學如是。」

佛說如是，彼諸比丘聞佛所說，歡喜奉行。

豪貴、端正、談，長老、誦諸經，

衣、食、無事、禪，四無色在後。

真人經第十四竟千二百九三字

（八六）中阿含長壽王品說處經第十五第二小土城誦

我聞如是：一時，佛遊舍衛國，在勝林給孤獨園。

爾時尊者阿難則於晡時從宴坐起，將諸年少比丘往詣佛所，稽首佛足，却住一面。諸年少比丘亦稽首佛足，却坐一面。尊者阿難白曰：「世尊！此諸年少比丘，我當云何教呵？云何訓誨？云何為彼而說法耶？」

世尊告曰：「阿難！汝當為諸年少比丘說處及教處。若為諸年少比丘說處及教處者，彼便得安隱，得力得樂，身心不煩熱，終身行梵行。」

尊者阿難叉手向佛白曰：「世尊！今正是時。善逝！今正是時。若世尊為諸年少比丘說處及教處者，我與諸年少比丘，從世尊聞已，當善受持。」

世尊告曰：「阿難！汝等諦聽！善思念之，我當為汝及諸年少比丘廣分別說。」

尊者阿難等受教而聽。世尊告曰：「阿難！我本為汝說五盛陰：色盛陰，覺、想、行、識盛陰。阿難！此五盛陰，汝當為諸年少比丘說以教彼。若為諸年少比丘說教此五盛陰者，彼便得安隱，得力得樂，身心不煩熱，終身行梵行。

「阿難！我本為汝說六內處：眼處，耳、鼻、舌、身、意處。阿難！此六內處，汝當為諸年少比丘說以教彼。若為諸年少比丘說教此六內處者，彼便得安隱，得力得樂，身心不煩熱，終身行梵行。

「阿難！我本為汝說六外處：色處，聲、香、味、觸、法處。阿難！此六外處，汝當為諸年少比丘說以教彼。若為諸年少比丘說教此六外處者，彼便得安隱，得力得樂，身心不煩熱，終身行梵行。

「阿難！我本為汝說六識身：眼識，耳、鼻、舌、身、意識。阿難！此六識身，汝當為諸年少比丘說以教彼。若為諸年少比丘說教此六識身者，彼便得安隱，得力得樂，身心不煩熱，終身行梵行。

「阿難！我本為汝說六更樂身：眼更樂，耳、鼻、舌、身、意更樂。阿難！此六更樂身，汝當為諸年少比丘說以教彼。若為諸年少比丘說教此六更樂身者，彼便得安隱，得力得樂，身心不煩熱，終身行梵行。

「阿難！我本為汝說六覺身：眼覺，耳、鼻、舌、身、意覺。阿難！此六覺身，汝當為諸年少比丘說以教彼。若為諸年少比丘說教此六覺身者，彼便得安隱，得力得樂，身心不煩熱，終身行梵行。

「阿難！我本為汝說六想身：眼想，耳、鼻、舌、身、意想。阿難！此六想身，汝當為諸年少比丘說以教彼。若為諸年少比丘說教此六想身者，彼便得安隱，得力得樂，身心不煩熱，終身行梵行。

「阿難！我本為汝說六思身：眼思，耳、鼻、舌、身、意思。阿難！此六思身，汝當為諸年少比丘說以教彼。若為諸年少比丘說教此六思身者，彼便得安隱，得力得樂，身心不煩熱，終身行梵行。

「阿難！我本為汝說六愛身：眼愛，耳、鼻、舌、身、意愛。阿難！此六愛身，汝當為諸年少比丘說以教彼。若為諸年少比丘說教此六愛身者，彼便得安隱，得力得樂，身心不煩熱，終身行梵行。

「阿難！我本為汝說六界：地界，水、火、風、空、識界。阿難！此六界，汝當為諸年少比丘說以教彼。若為諸年少比丘說教此六界者，彼便得安隱，得力得樂，身心不煩熱，終身行梵行。

「阿難！我本為汝說因緣起及因緣起所生法：若有此則有彼，若無此則無彼；若生此則生彼，若滅此則滅彼。緣無明行，緣行識，緣識名色，緣名色六處，緣六處更樂，緣更樂覺，緣覺愛，緣愛受，緣受有，緣有生，緣生老死。若無明滅則行滅，行滅則識滅，識滅則名色滅，名色滅則六處滅，六處滅則更樂滅，更樂滅則覺滅，覺滅則愛滅，愛滅則受滅，受滅則有滅，有滅則生滅，生滅則老死滅。阿難！

此因緣起及因緣起所生法，汝當為諸年少比丘說以教彼。若為諸年少比丘說教此因緣起及因緣起所生法者，彼便得安隱，得力得樂，身心不煩熱，終身行梵行。

「阿難！我本為汝說四念處：觀身如身，觀覺、心、法如法。阿難！此四念處，汝當為諸年少比丘說以教彼。若為諸年少比丘說教此四念處者，彼便得安隱，得力得樂，身心不煩熱，終身行梵行。

「阿難！我本為汝說四正斷：比丘者已生惡不善法為斷故，起欲求方便行，精勤學心斷；未生惡不善法為不生故，起欲求方便行，精勤學心斷；未生善法為生故，起欲求方便行，精勤學心斷；已生善法為住故、不忘故、不退故、轉增多故、廣布故、滿具足故，起欲求方便行，精勤舉心斷。阿難！此四正斷，汝當為諸年少比丘說以教彼。若為諸年少比丘說教此四正斷者，彼便得安隱，得力得樂，身心不煩熱，終身行梵行。

「阿難！我本為汝說四如意足：比丘者成就欲定燒諸行，修習如意足，依於無欲、依離、依滅，願至非品。如是精進定、心定，成就觀定燒諸行，修習如意足，依於無欲、依離、依滅，願至非品。阿難！此四如意足，汝當為諸年少比丘說以教彼。若為諸年少比丘說教此四如意足者，彼便得安隱，得力得樂，身心不煩熱，終身行梵行。

「阿難！我本為汝說四禪：比丘者離欲、離惡不善之法至得第四禪成就遊。阿難！此四禪，汝當為諸年少比丘說以教彼。若為諸年少比丘說教此四禪者，彼便得安隱，得力得樂，身心不煩熱，終身行梵行。

「阿難！我本為汝說四聖諦：苦聖諦，苦習、苦滅、苦滅道聖諦。阿難！此四聖諦，汝當為諸年少比丘說以教彼。若為諸年少比丘說教此四聖諦者，彼便得安隱，得力得樂，身心不煩熱，終身行梵行。

「阿難！我本為汝說四想：比丘者有小想、有大想、有無量想、有無所有想。阿難！此四想，汝當為諸年少比丘說以教彼。若為諸年少比丘說教此四想者，彼便得安隱，得力得樂，身心不煩熱，終身行梵行。

「阿難！我本為汝說四無量：比丘者心與慈俱，遍滿一方成就遊；如是二三四方、四維上下，普周一切，心與慈俱，無結無怨，無恚無諍，極廣甚大，無量善修，遍滿一切世間成就遊。如是悲、喜，心與捨俱，無結無怨，無恚無諍，極廣甚大，無量善修，遍滿一切世間成就遊。阿難！此四無量，汝當為諸年少比丘說以教彼。若為諸年少比丘說教此四無量者，彼便得安隱，得力得樂，身心不煩熱，終身行梵行。

「阿難！我本為汝說四無色：比丘者斷一切色想乃至得非有想非無想處成就遊。阿難！此四無色，汝當為諸年少比丘說以教彼。若為諸年少比丘說教此四無色者，彼便得安隱，得力得樂，身心不煩熱，終身行梵行。

「阿難！我本為汝說四聖種：比丘、比丘尼者得麤素衣而知止足，非為衣故求滿其意。若未得衣，不憂慼，不啼泣，不搥胸，不癡惑；若得衣者，不染不著，不欲不貪，不觸不計，見災患知出要而用衣。如此事利不懈怠而正知者，是謂比丘、比丘尼正住舊聖種。如是食、住處，欲斷樂斷，欲修樂修；彼因欲斷樂斷，欲修樂修故，不自貴不賤他。如此事利不懈怠而正知者，是謂比丘、比丘尼正住舊聖種。阿難！此四聖種，汝當為諸年少比丘說以教彼。若為諸年少比丘說教此四聖種者，彼便得安隱，得力得樂，身心不煩熱，終身行梵行。

「阿難！我本為汝說四沙門果：須陀洹、斯陀含、阿那含、最上阿羅*訶果。阿難！此四沙門果，汝當為諸年少比丘說以教彼。若為諸年少比丘說教此四沙門果者，彼便得安隱，得力得樂，身心不煩熱，終身行梵行。

「阿難！我本為汝說五熟解脫想：無常想、無常苦想、苦無我想、不淨惡露想、一切世間不可樂想。阿難！此五熟解脫想，汝當為諸年少比丘說以教彼。若為諸年少比丘說教此五熟解脫想者，彼便得安隱，得力得樂，身心不煩熱，終身行梵行。

「阿難！我本為汝說五解脫處，若比丘、比丘尼因此故，未解脫心得解脫，未盡諸漏得盡無餘，未得無上涅槃得無上涅槃。云何為五？阿難！世尊為比丘、比丘尼說法，諸智梵行者亦為比丘、比丘尼說法。阿難！若世尊為比丘、比丘尼說法，諸智梵行者亦為比丘、比丘尼說法。彼聞法已，便知法解義。彼因知法解義故，便得歡悅。因歡悅故，便得歡喜。因歡喜故，便得止身。因止身故，便得覺樂。因覺樂故，便得心定。阿難！比丘、比丘尼因心定故，便得見如實、知如真。因見如實、知如真故，便得厭。因厭故，便得無欲。因無欲故，便得解脫。因解脫故，便得知解脫：生已盡，梵行已立，所作已辦，不更受有，知如真。阿難！是謂第一解脫處。因此故，比丘、比丘尼未解脫心得解脫，未盡諸漏得盡無餘，未得無上涅槃得無上涅槃。

「復次，阿難！世尊不為比丘、比丘尼說法，諸智梵行者亦不為比丘、比丘尼說法，但如本所聞、所誦習法而廣讀之。若不廣讀本所聞、所誦習法者，但隨本所聞、所誦習法為他廣說。若不為他廣說本所聞、所誦習法者，但隨本所聞、所誦習法心思惟分別。若心不思惟分別本所聞、所誦習法者，但善受持諸三昧相。阿難！若比丘、比丘尼善受持諸三昧相者，便知法解義。彼因知法解義故，便得歡悅。因歡悅故，便得歡喜。因歡喜故，便得止身。因止身故，便得覺樂。因覺樂故，便得心定。阿難！比丘、比丘尼因心定故，便得見如實、知如真。因見如實、知如真故，便得厭。因厭故，便得無欲。因無欲故，便得解脫。因解脫故，便得知解脫：生已盡，梵行已立，所作已辦，不更受有，知如真。阿難！是謂第五解脫處。因此故，比丘、比丘尼未解脫心得解脫，未盡諸漏得盡無餘，未得無上涅槃得無上涅槃。阿難！此五解脫處，汝當為諸年少比丘說以教彼。若為諸年少比丘說教此五解脫處者，彼便得安隱，得力得樂，身心不煩熱，終身行梵行。

「阿難！我本為汝說五根：信根，精進、念、定、慧根。阿難！此五根，汝當為諸年少比丘說以教彼。若為諸年少比丘說教此五根者，彼便得安隱，得力得樂，身心不煩熱，終身行梵行。

「阿難！我本為汝說五力：信力，精進、念、定、慧力。阿難！此五力，汝當為諸年少比丘說以教彼。若為諸年少比丘說教此五力者，彼便得安隱，得力得樂，身心不煩熱，終身行梵行。

「阿難！我本為汝說五出要界。云何為五？阿難！多聞聖弟子極重善觀欲，彼因極重善觀欲故，心便不向欲，不樂欲，不近欲，不信解欲。若欲心生即時融消、燋縮，轉還不得舒張，捨離不住欲，穢惡厭患欲。阿難！猶如雞毛及筋持著火中即時融消、燋縮，轉還不得舒張。阿難！多聞聖弟子亦復如是，極重善觀欲，彼因極重善觀欲故，心便不向欲，不樂欲，不近欲，不信解欲。若欲心生即時融消、燋縮，轉還不得舒張，捨離不住欲，穢惡厭患欲。觀無欲，心向無欲，樂無欲，近無欲，信解無欲。心無礙，心無濁，心得樂，能致樂，遠離一切欲及因欲生諸漏煩熱憂慼，解彼脫彼，復解脫彼，彼不復受此覺，謂覺因欲生。如是欲出要，阿難！是謂第一出要界。

「復次，阿難！多聞聖弟子極重善觀恚，彼因極重善觀恚故，心便不向恚，不樂恚，不近恚，不信解恚。若恚心生即時融消、燋縮，轉還不得舒張，捨離不住恚，穢惡厭患恚。阿難！猶如雞毛及筋持著火中即時融消、燋縮，轉還不得舒張。阿難！多聞聖弟子亦復如是，極重善觀恚，彼因極重善觀恚故，心便不向恚，不樂恚，不近恚，不信解恚。若恚心生即時融消、燋縮，轉還不得舒張，捨離不住恚，穢惡厭患恚。觀無恚，心向無恚，樂無恚，近無恚，信解無恚。心無礙，心無濁，心得樂，能致樂，遠離一切恚及因恚生諸漏煩熱憂慼，解彼脫彼，復解脫彼，彼不復受此覺，謂覺因恚生。如是恚出要，阿難！是謂第二出要界。

「復次，阿難！多聞聖弟子極重善觀害，彼因極重善觀害故，心便不向害，不樂害，不近害，不信解害。若害心生即時融消、燋縮，轉還不得舒張，捨離不住害，穢惡厭患害。阿難！猶如鷄毛及筋持著火中即時融消、燋縮，轉還不得舒張。阿難！多聞聖弟子亦復如是，極重善觀害，彼因極重善觀害故，心便不向害，不樂害，不近害，不信解害。若害心生即時融消、燋縮，轉還不得舒張，捨離不住害，穢惡厭患害。觀無害，心向無害，樂無害，近無害，信解無害。心無礙，心無濁，心得樂，能致樂，遠離一切害及因害生諸漏煩熱憂慼，解彼脫彼，復解脫彼，彼不復受此覺，謂覺因害生。如是害出要，阿難！是謂第三出要界。

「復次，阿難！多聞聖弟子極重善觀色，彼因極重善觀色故，心便不向色，不樂色，不近色，不信解色。若色心生即時融消、燋縮，轉還不得舒張，捨離不住色，穢惡厭患色。阿難！猶如雞毛及筋持著火中即時融消、燋縮，轉還不得舒張。阿難！多聞聖弟子亦復如是，極重善觀色，彼因極重善觀色故，心便不向色，不樂色，不近色，不信解色。若色心生即時融消、燋縮，轉還不得舒張，捨離不住色，穢惡厭患色。觀無色，心向無色，樂無色，近無色，信解無色。心無礙，心無濁，心得樂，能致樂，遠離一切色及因色生諸漏煩熱憂慼，解彼脫彼，復解彼脫，彼不復受此覺，謂覺因色生。如是色出要，阿難！是謂第四出要界。

「復次，阿難！多聞聖弟子極重善觀己身，彼因極重善觀己身故，心便不向己身，不樂己身，不近己身，不信解己身。若己身心生即時融消、燋縮，轉還不得舒張，捨離不住己身，穢惡厭患己身。阿難！猶如鷄毛及筋持著火中即時融消、燋縮，轉還不得舒張。阿難！多聞聖弟子亦復如是，極重善觀己身，彼因極重善觀己身故，心便不向己身，不樂己身，不近己身，不信解己身。若己身心生即時融消、燋縮，轉還不得舒張，捨離不住己身，穢惡厭患己身。觀無己身，心向無己身，樂無己身，近無己身，信解無己身。心無礙，心無濁，心得樂，能致樂，遠離一切己身及因己身生諸漏煩熱憂慼，解彼脫彼，復解脫彼，彼不復受此覺，謂覺因己身生。如是己身出要，阿難！是謂第五出要界。阿難！此五出要界，汝當為諸年少比丘說以教彼。若為諸年少比丘說教此五出要界者，彼便得安隱，得力得樂，身心不煩熱，終身行梵行。

「阿難！我本為汝說七財：信財，戒、慚、愧、聞、施、慧財。阿難！此七財，汝當為諸年少比丘說以教彼。若為諸年少比丘說教此七財者，彼便得安隱，得力得樂，身心不煩熱，終身行梵行。

「阿難！我本為汝說七力：信力，精進、慚、愧、念、定、慧力。阿難！此七力，汝當為諸年少比丘說以教彼。若為諸年少比丘說教此七力者，彼便得安隱，得力得樂，身心不煩熱，終身行梵行。

「阿難！我本為汝說七覺支：念覺支，擇法、精進、喜、息、定、捨覺支。阿難！此七覺支，汝當為諸年少比丘說以教彼。若為諸年少比丘說教此七覺支者，彼便得安隱，得力得樂，身心不煩熱，終身行梵行。

「阿難！我本為汝說八支聖道：正見、正志、正語、正業、正命、正方便、正念、正定，是謂為八。阿難！此八支聖道，汝當為諸年少比丘說以教彼。若為諸年少比丘說教此八支聖道者，彼便得安隱，得力得樂，身心不煩熱，終身行梵行。」

於是尊者阿難叉手向佛，白曰：「世尊！甚奇！甚特！世尊為諸年少比丘說處及教處。」

世尊告曰：「阿難！如是！如是！甚奇！甚特！我為諸年少比丘說處及教處。阿難！若汝從如來復問頂法及頂法退者，汝便於如來極信歡喜。」

於是尊者阿難叉手向佛，白曰：「世尊！今正是時。善逝！今正是時。若世尊為諸年少比丘說頂法及頂法退說及教者，我及諸年少比丘從世尊聞已，當善受持。」

世尊告曰：「阿難！汝等諦聽！善思念之，我當為汝及諸年少比丘說頂法及頂法退。」

尊者阿難等受教而聽。世尊告曰：「阿難！多聞聖弟子真實因心思念稱量，善觀分別無常、苦、空、非我。彼如是思念，如是稱量，如是善觀分別，便生忍、生樂、生欲，欲聞、欲念、欲觀，阿難！是謂頂法。阿難！若得此頂法復失衰退，不修守護，不習精勤，阿難！是謂頂法退。如是內外識、更樂、覺、想、思、愛、界，因緣起。阿難！多聞聖弟子此因緣起及因緣起法思念稱量，善觀分別無常、苦、空、非我。彼如是思念，如是稱量，如是善觀分別，便生忍、生樂、生欲，欲聞、欲念、欲觀，阿難！是謂頂法。阿難！若得此頂法復失衰退，不修守護，不習精勤，阿難！是謂頂法退。阿難！此頂法及頂法退，汝當為諸年少比丘說以教彼。若為諸年少比丘說教此頂法及頂法退者，彼便得安隱，得力得樂，身心不煩熱，終身行梵行。

「阿難！我為汝等說處及教處、頂法及頂法退，如尊師所為弟子起大慈哀，憐念愍傷，求義及饒益，求安隱快樂者，我今已作，汝等當復自作，至無事處，山林樹下、空安靜處宴坐思惟，勿得放逸！勤加精進，莫令後悔！此是我之教勑，是我訓誨。」

佛說如是，尊者阿難及諸年少比丘聞佛所說，歡喜奉行。

陰、內、外識、更，覺、想、思、愛、界，
因緣、念、正斷，如意、禪、諦、想。
無量、無色、種，沙門果、解脫，
處、根、力、出要，財、力、覺、道、頂。

說處經第十五竟 五千一百九十七字

中阿含經卷第二十一 七千三百二十四字

長壽王品第二竟 四萬四千九百四十七字

中阿含經卷第二十二

東晉罽賓三藏瞿曇僧伽提婆譯

穢品第三經有十　第二小土城誦

穢、求、比丘請，智、周那問見，
華喻、水淨梵，黑、住、無在後。

(八七)中阿含穢品◎穢經第一

我聞如是：一時，佛遊婆奇瘦，在鼉山怖林鹿野園中。

爾時尊者舍梨子告諸比丘：「諸賢！世有四種人。云何為四？或有一人內實有穢不自知，內有穢不知如真。或有一人內實有穢自知，內有穢知如真。或有一人內實無穢不自知，內無穢不知如真。或有一人內實無穢自知，內無穢知如真。諸賢！若有一人內實有穢不自知，內有穢不知如真者，此人於諸人中為最下賤。若有一人內實有穢自知，內有穢知如真者，此人於諸人中為最勝也。若有一人內實無穢不自知，內無穢不知如真者，此人於諸人中為最下賤。若有一人內實無穢自知，內無穢知如真者，此人於諸人中為最勝也。」

於是有一比丘即從坐起，偏袒著衣，叉手向尊者舍梨子，白曰：

「尊者舍梨子！何因何緣說前二人俱有穢、穢汙心，一者下賤，一者最勝？復何因緣說後二人俱無穢、不穢汙心，一者下賤，一者最勝？」

於是尊者舍梨子答彼比丘曰：「賢者！若有一人內實有穢不自知，內有穢不知如真者，當知彼人不欲斷穢，不求方便，不精勤學，彼便有穢、穢汙心命終。彼因有穢、穢汙心命終故，便不賢死，生不善處。所以者何？彼因有穢、穢汙心命終故。賢者！猶如有人或從市肆，或從銅作家，買銅槃來，塵垢所汙。彼持來已，不數洗塵，不數揩拭，亦不日炙，又著饒塵處，如是銅槃增受塵垢。賢者！如是若有一人內實有穢不自知，內有穢不知如真者，當知彼人不欲斷穢，不求方便，不精勤學，彼便有穢、穢汙心命終。彼因有穢、穢汙心命終故，便不賢死，生不善處。所以者何？彼因有穢、穢汚心命終故。

「賢者！若有一人我內有穢，我內實有此穢知如真者，當知彼人欲斷此穢，求方便精勤學，彼便無穢、不穢汚心命終。彼因無穢、不穢汚心命終故，便賢死，生善處。所以者何？彼因無穢、不穢汚心命終故。賢者！猶如有人或從市肆，或從銅作家，買銅槃來，塵垢所汚。彼持來已，數數洗塵，數數揩拭，數數日炙，不著饒塵處，如是銅槃便極淨潔。賢者！如是若有一人我內有穢，我內實有此穢知如真者，當知彼人欲斷此穢，求方便精勤學，彼便無穢、不穢汚心命終。彼因無穢、不穢汚心命終故，便賢死，生善處。所以者何？彼因無穢、不穢汚心命終故。

「賢者！若有一人我內無穢，我內實無此穢不知如真者，當知彼人不護由眼耳所知法，彼因不護由眼耳所知法故，則為欲心纏，彼便有欲有穢、穢污心命終。彼因有欲有穢、穢污心命終故，便不賢死，生不善處。所以者何？彼因有欲有穢、穢污心命終故。賢者！猶如有人或從市肆，或從銅作家，買銅槃來，無垢淨潔。彼持來已，不數洗塵，不數揩拭，不數日炙，著饒塵處，如是銅槃必受塵垢。賢者！如是若有一人我內無穢，我內實無此穢不知如真者，當知彼人不護由眼耳所知法，彼因不護由眼耳所知法故，則為欲心纏，彼便有欲有穢、穢污心命終。彼因有欲有穢、穢污心命終故，便不賢死，生不善處。所以者何？彼因有欲有穢、穢污心命終故。

「賢者！若有一人我內無穢，我內實無此穢知如真者，當知彼人護由眼耳所知法，彼因護由眼耳所知法故，則不為欲心纏，彼便無欲無穢、不穢污心命終。彼因無欲無穢、不穢污心命終故，便賢死，生善處。所以者何？彼因無欲無穢、不穢污心命終故。賢者！猶如有人或從市肆，或從銅作家，買銅槃來，無垢淨潔。彼持來已，數數洗磨，數數揩拭，數數日炙，不著饒塵處，如是銅槃便極淨潔。賢者！如是若有一人我內無穢，我內實無此穢知如真者，當知彼人護由眼耳所知法，彼因護由眼耳所知法故，則不為欲心纏，彼便無欲無穢、不穢污心命終。彼因無欲無穢、不穢污心命終故，便賢死，生善處。所以者何？彼因無欲無穢、不穢污心命終故。

「賢者！因是緣是說前二人俱有穢、穢汙心，一者下賤，一者最勝。因是緣是說後二人俱無穢、穢汙心，一者下賤，一者最勝。」

於是復有比丘即從坐起，偏袒著衣，叉手向尊者舍梨子，白曰：「尊者舍梨子！所說穢者，何等為穢？」

尊者舍梨子答比丘曰：「賢者！無量惡不善法從欲生，謂之穢。所以者何？或有一人心生如是欲：『我所犯戒，莫令他人知我犯戒。』賢者！或有他人知彼犯戒，彼因他人知犯戒故，心便生惡。若彼心生惡及心生欲者，俱是不善。

「賢者！或有一人心生如是欲：『我所犯戒，當令他人於屏處訶，莫令在衆訶我犯戒。』賢者！或有他人於衆中訶，不在屏處，彼因他人在衆中訶，不在屏處故，心便生惡。若彼心生惡及心生欲者，俱是不善。

「賢者！或有一人心生如是欲：『我所犯戒，令勝人訶，莫令不如人訶我犯戒。』賢者！或有不如人訶彼犯戒，非是勝人；彼因不如人訶，非勝人故，心便生惡。若彼心生惡及心生欲者，俱是不善。

「賢者！或有一人心生如是欲：『令我在佛前坐，問世尊法，為諸比丘說。莫令餘比丘在佛前坐，問世尊法，為諸比丘說。』賢者！或有餘比丘在佛前坐，問世尊法，為諸比丘說；彼因餘比丘在佛前坐，問世尊法，為諸比丘說故，心便生惡。若彼心生惡及心生欲者，俱是不善。

「賢者！或有一人心生如是欲：『諸比丘入內時，令我最在其前，諸比丘侍從我將入內。』莫令餘比丘諸比丘入內時，最在其前，諸比丘侍從彼將入內。賢者！或有餘比丘諸比丘入內時，最在其前，諸比丘侍從彼將入內；彼因餘比丘諸比丘入內時最在其前，諸比丘侍從彼將入內故，心便生惡。若彼心生惡及心生欲者，俱是不善。

「賢者！或有一人心生如是欲：『諸比丘已入內時，令我最在上坐，得第一座、第一澡水，得第一食。莫令餘比丘諸比丘已入內時，最在上坐，得第一座、第一澡水，得第一食。』賢者！或有餘比丘諸比丘已入內時，最在上坐，得第一座、第一澡水，得第一食；彼因餘比丘諸比丘已入內時，最在上坐，得第一座、第一澡水，得第一食故，心便生惡。若彼心生惡及心生欲者，俱是不善。

「賢者！或有一人心生如是欲：『諸比丘食竟，收攝食器，行澡水已，令我為諸居士說法，勸發渴仰，成就歡喜。莫令餘比丘諸比丘食竟，收攝食器，行澡水已，為諸居士說法，勸發渴仰，成就歡喜。』賢者！或有餘比丘諸比丘食竟，收攝食器，行澡水已，為諸居士說法，勸發渴仰，成就歡喜；彼因餘比丘諸比丘食竟，收攝食器，行澡水已，為諸居士說法，勸發渴仰，成就歡喜故，心便生惡。若彼心生惡及心生欲者，俱是不善。

「賢者！或有一人心生如是欲：『諸居士往詣眾園時，令我與共會共集，共坐共論。莫令餘比丘諸居士往詣眾園時，與共會共集，共坐共論。』賢者！或有餘比丘諸居士往詣衆園時，與共會共集，共坐共論；彼因餘比丘諸居士往詣衆園時，與共會共集，共坐共論故，心便生惡。若彼心生惡及心生欲者，俱是不善。

「賢者！或有一人心生如是欲：『令我為王者所識，及王大臣、梵志、居士、國中人民所知重。莫令餘比丘為王者所識，及王大臣、梵志、居士、國中人民所知重。』賢者！或有餘比丘為王者所識，及王大臣、梵志、居士、國中人民所知重；彼因餘比丘為王者所識，及王大臣、梵志、居士、國中人民所知重故，心便生惡。若彼心生惡及心生欲者，俱是不善。

「賢者！或有一人心生如是欲：『令我為四衆比丘、比丘尼、優婆塞、優婆私所敬重。莫令餘比丘為四衆比丘、比丘尼、優婆塞、優婆私所敬重。』賢者！或有餘比丘為四衆比丘、比丘尼、優婆塞、優婆私所敬重；彼因餘比丘為四衆比丘、比丘尼、優婆塞、優婆私所敬重故，心便生惡。若彼心生惡及心生欲者，俱是不善。

「賢者！或有一人心生如是欲：『令我得衣被、飲食、床褥、湯藥、諸生活具，莫令餘比丘得衣被、飲食、床褥、湯藥、諸生活具。』賢者！或有餘比丘得衣被、飲食、床褥、湯藥、諸生活具；彼因餘比丘得衣被、飲食、床褥、湯藥、諸生活具故，心便生惡。若彼心生惡及心生欲者，俱是不善。

「賢者！如是彼人若有諸智梵行者，不知彼生如是無量惡不善心欲者，如是彼非沙門沙門想，非智沙門智沙門想，非正智正智想，非正念正念想，非清淨清淨想。賢者！如是彼人若有諸智梵行者，知彼生如是無量惡不善心欲者，如是彼非沙門非沙門想，非智沙門非智沙門想，非正智非正智想，非正念非正念想，非清淨非清淨想。

「賢者！猶如有人或從市肆，或從銅作家，買銅合槃來，盛滿中糞，蓋覆其上便持而去，經過店肆，近衆人行。彼衆見已皆欲得食，意甚愛樂而不憎惡，則生淨想。彼持去已，住在一處便開示之，衆人見已皆不欲食，無愛樂意甚憎惡之，生不淨想，若欲食者則不復用，況其本自不欲食耶？

「賢者！如是彼人若有諸智梵行者，不知彼生如是無量惡不善心欲者，如是彼非沙門沙門想，非智沙門智沙門想，非正智正智想，非正念正念想，非清淨清淨想。賢者！如是彼人若有諸智梵行者，知彼生如是無量惡不善心欲者，如是彼非沙門非沙門想，非智沙門非智沙門想，非正智非正智想，非正念非正念想，非清淨非清淨想。賢者！當知如是人莫得親近，莫恭敬禮事。若比丘不應親近便親近，不應恭敬禮事便恭敬禮事者，如是彼便長夜得無利無義，則不饒益，不安隱快樂，生苦憂慼。

「賢者！或有一人心不生如是欲：『我所犯戒，莫令他人知我犯戒。』賢者！或有他人知彼犯戒，彼因他人知犯戒故，心不生惡。若彼心無惡，心不生欲者，是二俱善。

「賢者！或有一人心不生如是欲：『我所犯戒當令他人於屏處訶，莫令在衆訶我犯戒。』賢者！或有他人於衆中訶，不在屏處；彼因在衆中訶，不在屏處故，心不生惡。若彼心無惡，心不生欲者，是二俱善。

「賢者！或有一人心不生如是欲：『我所犯戒，令勝人訶，莫令不如人訶我犯戒。』賢者！或有不如人訶彼犯戒，非是勝人；彼因不如人訶，非勝人故，心不生惡。若彼心無惡，心不生欲者，是二俱善。

「賢者！或有一人心不生如是欲：『令我在佛前坐，問世尊法，為諸比丘說。莫令餘比丘在佛前坐，問世尊法，為諸比丘說。』賢者！或有餘比丘在佛前坐，問世尊法，為諸比丘說；彼因餘比丘在佛前坐，問世尊法，為諸比丘說故，心不生惡。若彼心無惡，心不生欲者，是二俱善。

「賢者！或有一人心不生如是欲：『諸比丘入內時，令我最在其前，諸比丘侍從我將入內。莫令餘比丘諸比丘入內時，最在其前，諸比丘侍從彼將入內。』賢者！或有餘比丘諸比丘入內時，最在其前，諸比丘侍從彼將入內；彼因餘比丘諸比丘入內時，最在其前，諸比丘侍從將入內故，心不生惡。若彼心無惡，心不生欲者，是二俱善。

「賢者！或有一人心不生如是欲：『諸比丘已入內時，令我最在上坐，得第一座、第一澡水，得第一食。莫令餘比丘諸比丘已入內時，最在上坐，得第一座、第一澡水，得第一食。』賢者！或有餘比丘諸比丘已入內時，最在上坐，得第一座、第一澡水，得第一食；彼因餘比丘諸比丘已入內時，最在上坐，得第一座，第一澡水，得第一食故，心不生惡。若彼心無惡，心不生欲者，是二俱善。

「賢者！或有一人心不生如是欲：『諸比丘食竟，收攝食器，行澡水已，我為諸居士說法，勸發渴仰，成就歡喜。』莫令餘比丘諸比丘食竟，收攝食器，行澡水已，為諸居士說法，勸發渴仰，成就歡喜。賢者！或有餘比丘諸比丘食竟，收攝食器，行澡水已，為諸居士說法，勸發渴仰，成就歡喜；彼因餘比丘諸比丘食竟，收攝食器，行澡水已，為諸居士說法，勸發渴仰，成就歡喜故，心不生惡。若彼心無惡，心不生欲者，是二俱善。

「賢者！或有一人心不生如是欲：『諸居士往詣衆園時，令我與共會共集，共坐共論。莫令餘比丘諸居士往詣衆園時，與共會共集，共坐共論。』賢者！或有餘比丘諸居士往詣衆園時，與共會共集，共坐共論；彼因餘比丘諸居士往詣衆園時，與共會共集，共坐共論故，心不生惡。若彼心無惡，心不生欲者，是二俱善。

「賢者！或有一人心不生如是欲：『令我為王者所識及王大臣、梵志、居士、國中人民所知重，莫令餘比丘為王者所識及王大臣、梵志、居士、國中人民所知重。』賢者！或有餘比丘為王者所識及王大臣、梵志、居士、國中人民所知重；彼因餘比丘為王者所識及王大臣、梵志、居士、國中人民所知重故，心不生惡。若彼心無惡，心不生欲者，是二俱善。

「賢者！或有一人心不生如是欲：『令我為四衆比丘、比丘尼、優婆塞、優婆私所敬重，莫令餘比丘為四衆比丘、比丘尼、優婆塞、優婆私所敬重。』賢者！或有餘比丘為四衆比丘、比丘尼、優婆塞、優婆私所敬重；彼因餘比丘為四衆比丘、比丘尼、優婆塞、優婆私所敬重故，心不生惡。若彼心無惡，心不生欲者，是二俱善。

「賢者！或有一人心不生如是欲：『令我得衣被、飲食、床褥、湯藥、諸生活具，莫令餘比丘得衣被、飲食、床褥、湯藥、諸生活具。』賢者！或餘比丘得衣被、飲食、床褥、湯藥、諸生活具；彼因餘比丘得衣被、飲食、床褥、湯藥、諸生活具故，心不生惡。若彼心無惡心，不生欲者，是二俱善。

「賢者！如是彼人若有諸智梵行者，不知彼生如是無量善心欲者，如是彼沙門非沙門想，智沙門非智沙門想，正智非正智想，正念非正念想，清淨非清淨想。賢者！如是彼人若有諸智梵行者，知彼生如是無量善心欲者，如是彼沙門沙門想，智沙門智沙門想，正智正智想，正念正念想，清淨清淨想。

「賢者！猶如有人或從市肆，或從銅作家，買銅合槃來，盛滿種種淨美飲食，蓋覆其上便持而去，經過店肆，近眾人行。彼眾見已皆不欲食，無愛樂意甚憎惡之，生不淨想，便作是說：『即彼糞去！即彼糞去！』彼持去已，住在一處便開示之，眾人見已則皆欲食，意甚愛樂而不憎惡，則生淨想。彼若本不用食者，見已欲食，況復其本欲得食耶？

「賢者！如是彼人若有諸智梵行者，不知彼生如是無量善心欲者，如是彼沙門非沙門想，智沙門非智沙門想，正智非正智想，正念非正念想，清淨非清淨想。賢者！如是彼人若有諸智梵行者，知彼生如是無量善心欲者，如是彼沙門沙門想，智沙門智沙門想，正智正智想，正念正念想，清淨清淨想。賢者！當知如是人應親近之，恭敬禮事。若比丘應親近者便親近，應恭敬禮事者便恭敬禮事，如是彼便長夜得利得義，則得饒益，安隱快樂亦得無苦無憂慼慼。」

爾時尊者大目揵連在彼衆中，於是尊者大目揵連白曰：「尊者舍利子！我今欲為此事說喻，聽我說耶？」

尊者舍梨子告曰：「*尊者大目揵連！欲說喻者便可說之。」

尊者大目揵連則便白曰：「尊者舍梨子！我憶一時遊王舍城，在巖山中。我於爾時過夜平旦，著衣持鉢，入王舍城而行乞食，詣舊車師無衣滿子家。時彼比舍更有車師斫治車軸，是時舊車師無衣滿子往至彼家。於是舊車師無衣滿子見彼治軸，心生是念：『若彼車師執斧治軸，斫彼彼惡處者，如是彼軸便當極好。』時彼車師即如舊車師無衣滿子心中所念，便持斧斫彼彼惡處。於是舊車師無衣滿子極大歡喜，而作是說：『車師子！汝心如是，則知我心。所以者何？以汝持斧斫治車軸彼彼惡處，如我意故。』如是，尊者舍梨子！若有諛諂、欺誑、嫉妬、無信、懈怠，無正念正智，無定無慧，其心狂惑，不護諸根，不修沙門，無所分別。尊者舍梨子！心為知彼心故，而說此法。

「尊者舍梨子！若有人不諛諂，不欺誑，無嫉妬，有信、精進而無懈怠，有正念正智，修定修慧，心不狂惑，守護諸根，廣修沙門而善分別。彼聞尊者舍梨子所說法者，猶飢欲得食，渴欲得飲，口及意也。

「尊者舍梨子！猶剎利女，梵志、居士、工師女，端正姝好極淨沐浴，以香塗身，著明淨衣，種種瓔珞嚴飾其容。或復有人為念彼女，求利及饒益，求安隱快樂，以青蓮華鬘，或薝蔔華鬘，或修摩那華鬘，或婆師華鬘，或阿提牟哆華鬘，持與彼女。彼女歡喜兩手受之，以嚴其頭。

「尊者舍梨子！如是若有人不諛諂，不欺誑，無妬嫉，有信，精進而無懈怠，有正念正智，修定修慧，心不狂惑，守護諸根，廣修沙門而善分別。彼聞尊者舍梨子所說法者，猶飢欲食，渴欲得飲，口及意也。尊者舍梨子！甚奇！甚特！尊者舍梨子常拔濟諸梵行者，令離不善，安立善處。」

如是二尊更相稱說，從座起去。

尊者舍梨子所說如是，尊者大目揵連及諸比丘聞尊者舍梨子所說，歡喜奉行。

穢經第一竟五千一百九十六字

（八八）中阿含穢品求法經第二 第二小土城誦

我聞如是：一時，佛遊拘娑羅國，與大比丘眾俱，往詣五娑羅村北尸攝惒林中。及諸名德、上尊長老、大弟子等，謂尊者舍梨子、尊者大目揵連、尊者大迦葉、尊者大迦旃延、尊者阿那律陀、尊者麗越、尊者阿難，如是比餘名德、上尊長老、大弟子等，亦在五娑羅村，並皆近佛葉屋邊住。

爾時世尊告諸比丘：「汝等當行求法，莫行求飲食。所以者何？我慈愍弟子故，欲令行求法，不行求飲食。若汝等行求飲食，不行求法者，汝等既自惡，我亦無名稱。若汝等行求法，不行求飲食者，汝等既自好，我亦有名稱。

「云何諸弟子為求飲食故而依佛行，非為求法？我飽食訖，食事已辦，猶有殘食，於後有二比丘來，飢渴力羸，我語彼曰：『我飽食訖，食事已辦，猶有殘食，汝等欲食者便取食之。若汝不取者，我便取以瀉著淨地，或復瀉著無蟲水中。』彼二比丘，第一比丘便作是念：『世尊食訖，食事已辦，猶有殘食，若我不取者，世尊必取瀉著淨地，或復瀉著無蟲水中，我今寧可取而食之。』即便取食。彼比丘取此食已，雖一日一夜樂而得安隱，但彼比丘因取此食故，不可佛意。所以者何？彼比丘因取此食故，不得少欲，不知厭足，不得易養，不得易滿，不得知時，不知節限，不得精進，不得宴坐，不得淨行，不得遠離，不得一心，不得精勤，亦不得涅槃。是以彼比丘因取此食故，不可佛意。是謂諸弟子為行求飲食故而依佛行，非為求法。

「云何諸弟子行求法，不行求飲食？彼二比丘，第二比丘便作是念：『世尊食訖，食事已辦，猶有殘食，若我不取者，世尊必取瀉著淨地，或復瀉著無蟲水中。又世尊說食中之下極者，謂殘餘食也，我今寧可不取此食。』作是念已，即便不取。彼比丘不取此食已，雖一日一夜苦而不安隱，但彼比丘因不取此食故，得可佛意。所以者何？彼比丘因不取此食故，得少欲，得知足，得易養，得易滿，得知時，得節限，得精進，得宴坐，得淨行，得遠離，得一心，得精勤，亦得涅槃。是以彼比丘因不取此食故，得可佛意。是謂諸弟子為行求法故而依佛行，非為求飲食。」

於是世尊告諸弟子：「若有法律，尊師樂住遠離，上弟子不樂住遠離者，彼法律不饒益多人，多人不得樂，非為愍傷世間，亦非為天為人求義及饒益，求安隱快樂。若有法律，尊師樂住遠離，中下弟子不樂住遠離者，彼法律不饒益多人，多人不得樂，非為愍傷世間，亦非為天為人求義及饒益，求安隱快樂。若有法律，尊師樂住遠離，上弟子亦樂住遠離者，彼法律饒益多人，多人得樂，為愍傷世間，亦為天為人求義及饒益，求安隱快樂。若有法律，尊師樂住遠離，中下弟子亦樂住遠離者，彼法律饒益多人，多人得樂，為愍傷世間，亦為天為人求義及饒益，求安隱快樂。」

是時尊者舍梨子亦在衆中。彼時世尊告曰：「舍利子！汝為諸比丘說法如法，我患背痛，今欲小息。」

尊者舍利子即受佛教：「唯然，世尊！」

於是世尊四疊優多羅僧以敷床上，卷僧伽梨作枕，右脇而臥，足足相累，作光明想，正念正智，常念欲起。

是時尊者舍梨子告諸比丘：「諸賢！當知世尊向略說法，若有法律，尊師樂住遠離，上弟子不樂住遠離者，彼法律不饒益多人，多人不得樂，不為愍傷世間，亦非為天為人求義及饒益，求安隱快樂。若有法律，尊師樂住遠離，中下弟子不樂住遠離者，彼法律不饒益多人，多人不得樂，不為愍傷世間，亦非為天為人求義及饒益，求安隱快樂。若有法律，尊師樂住遠離，上弟子亦樂住遠離者，彼法律饒益多人，多人得樂，為愍傷世間，亦為天為人求義及饒益，求安隱快樂。若有法律，尊師樂住遠離，中下弟子亦樂住遠離者，彼法律饒益多人，多人得樂，為愍傷世間，亦為天為人求義及饒益，求安隱快樂。然世尊說此法極略，汝等云何解義？云何廣分別？」

彼時眾中或有比丘作如是說：「尊者舍梨子！若諸長老上尊自說：『我得究竟智，我生已盡，梵行已立，所作已辦，不更受有，知如真。』諸梵行者聞彼比丘自說：『我得究竟智。』便得歡喜。」

復有比丘作如是說：「尊者舍梨子！若中下弟子求願無上涅槃，諸梵行者見彼行已，便得歡喜。」

如是彼比丘而說此義，不可尊者舍梨子意。

尊者舍梨子告彼比丘：「諸賢等！聽我為汝說。諸賢！若有法律，尊師樂住遠離，上弟子不樂住遠離者，上弟子有三事可毀。云何為三？尊師樂住遠離，上弟子不學捨離，上弟子以此可毀。尊師若說可斷法，上弟子不斷彼法，上弟子以此可毀。所可受證，上弟子而捨方便，上弟子以此可毀。若有法律，尊師樂住遠離，上弟子不樂住遠離者，上弟子有此三事可毀。

「諸賢！若有法律，尊師樂住遠離，中下弟子不樂住遠離者，中下弟子有三事可毀。云何為三？尊師樂住遠離，中下弟子不學捨離，中下弟子以此可毀。尊師若說可斷法，中下弟子不斷彼法，中下弟子以此可毀。所可受證，中下弟子而捨方便，中下弟子以此可毀。若有法律，尊師樂住遠離，中下弟子不樂住遠離者，中下弟子有此三事可毀。

「諸賢！若有法律，尊師樂住遠離，上弟子亦樂住遠離者，上弟子有三事可稱。云何為三？尊師樂住遠離，上弟子亦學捨離，上弟子以此可稱。尊師若說可斷法，上弟子便斷彼法，上弟子以此可稱。所可受證，上弟子精進勤學，不捨方便，上弟子以此可稱。諸賢！若有法律，尊師樂住遠離，上弟子亦樂住遠離者，上弟子有此三事可稱。

「諸賢！若有法律，尊師樂住遠離，中下弟子亦樂住遠離者，中下弟子有三事可稱。云何為三？尊師樂住遠離，中下弟子亦學捨離，中下弟子以此可稱。尊師若說可斷法，中下弟子便斷彼法，中下弟子以此可稱。所可受證，中下弟子精進勤學，不捨方便，中下弟子以此可稱。諸賢！若有法律，尊師樂住遠離，中下弟子亦樂住遠離者，中下弟子有此三事可稱。」

尊者舍梨子復告諸比丘：「諸賢！有中道能得心住，得定得樂，順法次法，得通得覺，亦得涅槃。諸賢！云何有中道能得心住，得定得樂，順法次法，得通得覺，亦得涅槃？諸賢！念欲惡，惡念欲亦惡。彼斷念欲，亦斷惡念欲；如是恚怨結、慳嫉、欺誑諛諂、無慙無愧、慢最上慢、貢高放逸、豪貴憎諍。諸賢！貪亦惡，著亦惡。彼斷貪，亦斷著。諸賢！是謂中道能得心住，得定得樂，順法次法，得通得覺，亦得涅槃。諸賢！復有中道能得心住，得定得樂，順法次法，得通得覺，亦得涅槃。諸賢！云何復有中道能得心住，得定得樂，順法次法，得通得覺，亦得涅槃？謂八支聖道，正見乃至正定，是為八。諸賢！是謂復有中道能得心住，得定得樂，順法次法，得通得覺，亦得涅槃。」

於是世尊所患即除而得安隱，從臥寤起，結跏趺坐，嘆尊者舍梨子：「善哉！善哉！舍梨子為諸比丘說法如法。舍梨子！汝當復為諸比丘說法如法。舍梨子！汝當數數為諸比丘說法如法。」

爾時世尊告諸比丘：「汝等當共受法如法，誦習執持。所以者何？此法如法，有法有義，為梵行本，得通得覺亦得涅槃。諸族姓子剃除鬚髮，著袈裟衣，至信捨家無家學道者，此法如法當善受持。」

佛說如是，尊者舍梨子及諸比丘聞佛所說，歡喜奉行。

求法經第二竟二千二百八十六字

中阿含經卷第二十二七千四百八十二字　第二小土城誦

中阿含經卷第二十三

東晉罽賓三藏瞿曇僧伽提婆譯

（八九）穢品比丘請經第三（第二小土城誦）

我聞如是：一時，佛遊王舍城，在竹林迦蘭哆園，與大比丘衆俱受夏坐。

爾時尊者大目揵連告諸比丘：「諸賢！若有比丘請諸比丘：『諸尊！語我、教我、訶我，莫難於我！』所以者何？諸賢！或有一人戾語，成就戾語法，成就戾語法故，令諸梵行者不語彼，不教、不訶而難彼人。諸賢！何者戾語法？若有成就戾語法者，諸梵行者不語彼，不教、不訶而難彼人。諸賢！或有一人惡欲、念欲，諸賢！若有人惡欲、念欲者，是謂戾語法。如是染行染，不語結住，欺誑諛諂，慳貪嫉妬，無慚無愧，瞋弊惡意，瞋*瞋語言，訶比丘訶，訶比丘輕慢，訶比丘發露，更互相避而說外事，不語、瞋恚，憎嫉熾盛，惡朋友、惡伴侶，無恩不知恩。諸賢！若有人無恩不知恩者，是謂戾語法。諸賢！是謂諸戾語法，若有成就戾語法者，諸梵行者不語彼，不教、不訶而難彼人。諸賢！比丘者當自思量。

「諸賢！若有人惡欲、念欲者，我不愛彼·，若我惡欲、念欲者，彼亦不愛我。比丘如是觀，不行惡欲，不念欲者，當學如是。如是染行染，不語結住，欺誑諛諂，慳貪嫉妬，無慙無愧，瞋弊惡意，瞋瞋語言，訶比丘⊙訶，訶比丘輕慢，訶比丘發露，更互相避而說外事，不語、瞋恚，憎嫉熾盛，惡朋友、惡伴侶，無恩不知恩。諸賢！若有人無*恩不知*恩者，我不愛彼；若我無*恩不知*恩者，彼亦不愛我。比丘如是觀，不行無*恩不知*恩者，當學如是。

「諸賢！若比丘不請諸比丘：『諸尊！語我、教我、訶我，莫難於我！』所以者何？諸賢！或有一人善語，成就善語法，成就善語法故，諸梵行者善語彼，善教、善訶，不難彼人。諸賢！何者善語法？若有成就善語法者，諸梵行者善語彼，善教、善訶，不難彼人。諸賢！或有一人不惡欲、不念欲，諸賢！若有人不惡欲、不念欲者，是謂善語法。如是不染行染，◎不不語結住，不欺誑諛諂，不慳貪嫉妬，不無慙無愧，不瞋弊惡意，不瞋瞋語言，不訶比丘訶，不訶比丘輕慢，不訶比丘發露，不更互相避而說外事，不不語、瞋恚、憎嫉熾盛，不惡朋友、惡伴侶，不無恩不知恩。諸賢！若有人不無恩不知恩者，是謂善語法。諸賢！是謂諸善語法，若有成就善語法者，諸梵行者善語彼，善教、善訶，不難彼人。諸賢！比丘者當自思量。

「諸賢！若有人不惡欲、不念欲者，我愛彼人；若我不惡欲、不念欲者，彼亦愛我。比丘如是觀，不行惡欲，不念欲者，當學如是。如是不染行染，不不語結住，不欺誑諛諂，不慳貪嫉妬，不無慙無愧，不瞋弊惡意，不瞋瞋語言，不訶比丘訶，不訶比丘輕慢，不訶比丘發露，不更互相避而說外事，不不語、瞋恚、憎嫉熾盛，不惡朋友、惡伴侶，不無恩不知恩。諸賢！若有人不無恩不知恩者，我愛彼人；若我不無恩不知恩者，彼亦愛我。比丘如是觀，不無恩不知恩者，當學如是。

「諸賢！若比丘如是觀者，必多所饒益：『我為惡欲、念欲，為不惡欲、念欲耶？』諸賢！若比丘觀時，則知我是惡欲、念欲者，則不歡悅，便求欲斷。諸賢！若比丘觀時，則知我無惡欲、不念欲者，即便歡悅；我自清淨求學尊法，是故歡悅。諸賢！猶有目人以鏡自照，則見其面淨及不淨。諸賢！若有目人見面有垢者，則不歡悅，便求欲洗。諸賢！若有目人見面無垢者，即便歡悅；我面清淨，是故歡悅。諸賢！若比丘觀時，則知我行惡欲、念欲者，則不歡悅，便求欲斷。諸賢！若比丘觀時，則知我不行惡欲、不念欲者，即便歡悅；我自清淨求學尊法，是故歡悅。

「如是，我為染行染，為不染行染？為不語結住，為不不語結住？為欺誑諛諂，為不欺誑諛諂？為慳貪嫉妬，為不慳貪嫉妬？為無慚無愧，為不無慚無愧？為瞋弊惡意，為不瞋弊惡意？為瞋瞋語言，為不瞋瞋語言？為訶比丘訶，為不訶比丘訶？為訶比丘輕慢，為不訶比丘輕慢？為訶比丘發露，為不訶比丘發露？為更互相避，為不更互相避？為說外事，為不說外事？為不語、瞋恚、憎嫉熾盛，為不不語、瞋恚、憎嫉熾盛？為惡朋友、惡伴侶，為不惡朋友、惡伴侶？為無恩不知恩，為不無恩不知恩耶？

「諸賢！若比丘觀時，則知我無恩不知恩者，則不歡悅，便求欲斷。諸賢！若比丘觀時，則知我不無恩不知恩者，即便歡悅；我自清淨求學尊法，是故歡悅。諸賢！猶有目人以鏡自照，則見其面淨及不淨。諸賢！若有目人見面有垢者，則不歡悅，便求欲洗。諸賢！若有目人見面無垢者，即便歡悅；我面清淨，是故歡悅。

「諸賢！如是若比丘觀時，則知我無恩不知恩者，則不歡悅，便求欲斷。諸賢！若比丘觀時，則知我不無恩不知恩者，即便歡悅；我自清淨求學尊法，是故歡悅。因歡悅故，便得歡喜。因歡喜故，便得止身。因止身故，便得覺樂。因覺樂故，便得定心。諸賢！多聞聖弟子因定心故，便見如實、知如真。因見如實、知如真故，便得厭。因厭故，便得無欲。因無欲故，便得解脫。因解脫故，便得知解脫：生已盡，梵行已立，所作已辦，不更受有，知如真。」

尊者大目揵連所說如是，彼諸比丘聞尊者大目揵連所說，歡喜奉行。

比丘請經第三竟千五百六十三字

（九〇）中阿含穢品知法經第四第二小土城誦

我聞如是：一時，佛遊拘舍彌，在瞿師羅園。

爾時尊者周那告諸比丘：「若有比丘作如是說：『我知諸法所可知法而無增伺。』然彼賢者心生惡增伺而住，如是諍訟、恚恨、瞋纏、不語結、慳嫉、欺誑諛諂、無慙無愧，無惡欲惡見，然彼賢者心生惡欲惡見而住。諸梵行人知彼賢者不知諸法所可知法而無增伺，所以者何？以彼賢者心生增伺而住。如是諍訟、恚恨、瞋纏、不語結、慳嫉、欺誑諛諂、無慙無愧，無惡欲惡見，所以者何？以彼賢者心生惡欲惡見而住。

「諸賢！猶人不富自稱說富，亦無國封說有國封，又無畜牧說有畜牧。若欲用時，則無金銀、真珠、琉璃、水精、琥珀，無畜牧、米穀，亦無奴婢。諸親朋友往詣彼所，而作是說：『汝實不富自稱說富，亦無國封說有國封，又無畜牧說有畜牧。然欲用時，則無金銀、真珠、琉璃、水精、琥珀，無畜牧、米穀，亦無奴婢。』如是，諸賢！若有比丘作如是說：『我知諸法所可知法而無增伺。』然彼賢者心生惡增伺而住，如是諍訟、恚恨、瞋纏、不語結、慳嫉、欺誑諛諂、無慙無愧，無惡欲惡見，然彼賢者心生惡欲惡見而住。諸梵行人知彼賢者不知諸法所可知法而無增伺，所以者何？以彼賢者心不向增伺盡無餘涅槃。如是諍訟、恚恨、瞋纏、不語結、慳嫉、欺誑諛諂、無慙無愧，無惡欲惡見，所以者何？以彼賢者心不向惡見法盡無餘涅槃。

「諸賢！或有比丘不作是說：『我知諸法所可知法而無增伺。』然彼賢者心不生惡增伺而住，如是諍訟、恚恨、瞋纏、不語結、慳嫉、欺誑諛諂、無慚無愧，無惡欲惡見，然彼賢者心不生惡欲惡見而住。諸梵行人知彼賢者實知諸法所可知法而無增伺，所以者何？以彼賢者心不生惡增伺而住。如是諍訟、恚恨、瞋纏、不語結、慳嫉、欺誑諛諂、無慚無愧，無惡欲惡見，所以者何？以彼賢者心不生惡欲惡見而住。諸賢！猶人大富自說不富，亦有國封說無國封，又有畜牧說無畜牧。若欲用時，則有金銀、真珠、琉璃、水精、琥珀，有畜牧、米穀，亦有奴婢。諸親朋友往詣彼所，作如是說：『汝實大富自說不富，亦有國封說無國封，又有畜牧說無畜牧。然欲用時，則有金銀、真珠、琉璃、水精、琥珀，有畜牧、米穀，亦有奴婢。』

「如是，諸賢！若有比丘不作是說：『我知諸法所可知法而無增伺。』然彼賢者心不生惡增伺而住，如是諍訟、恚恨、瞋纏、不語結、慳嫉、欺誑諛諂、無慚無愧，無惡欲惡見，然彼賢者心不生惡欲惡見而住。諸梵行人知彼賢者知諸法所可知法而無增伺，所以者何？以彼賢者心向增伺盡無餘涅槃。如是諍訟、恚恨、瞋纏、不語結、慳嫉、欺誑諛諂、無慚無愧，無惡欲惡見，所以者何？以彼賢者心向惡見法盡無餘涅槃。」

尊者周那所說如是，彼諸比丘聞尊者周那所說，歡喜奉行。

知法經第四竟八百八十一字

(九一)中阿含穢品周那問見經第五第二小土城誦

我聞如是：一時，佛遊拘舍彌，在瞿師羅園。

於是尊者大周那，則於晡時從宴坐起，往詣佛所，稽首佛足，却坐一面，白曰：「世尊！世中諸見生而生，謂計有神，計有衆生、有人、有壽、有命、有世。世尊！云何知？云何見？令此見得滅、得捨離，而令餘見不續、不受耶？」

彼時世尊告曰：「周那！世中諸見生而生，謂計有神，計有衆生、有人、有壽、有命、有世。周那！若使諸法滅盡無餘者，如是知，如是見，令此見得滅、得捨離，而令餘見不續、不受，當學漸損。

「周那！於聖法律中何者漸損？比丘者，離欲、離惡不善之法，至得第四禪成就遊。彼作是念：『我行漸損。』周那！於聖法律中不但是漸損，有四增上心現法樂居，行者從是起而復還入。彼作是念：『我行漸損。』周那！於聖法律中不但是漸損，比丘者，度一切色想，至得非有想非無想處成就遊。彼作是念：『我行漸損。』周那！於聖法律中不但是漸損，有四息解脫，離色得無色，行者從是起當為他說。彼作是念：『我行漸損。』

「周那！於聖法律中不但是漸損。周那！他有惡欲念欲，我無惡欲念欲，當學漸損。周那！他有害意瞋，我無害意瞋，當學漸損。周那！他有殺生、不與取、非梵行，我無非梵行，當學漸損。周那！他有增伺、諍意、睡眠所纏、調貢高而有疑惑，我無疑惑，當學漸損。周那！他有瞋結、諛諂欺誑、無慙無愧，我有慙愧，當學漸損。周那！他有慢，我無慢，當學漸損。周那！他有增慢，我無增慢，當學漸損。周那！他不多聞，我有多聞，當學漸損。周那！他不觀諸善法，我觀諸善法，當學漸損。周那！他行非法惡行，我行是法妙行，當學漸損。周那！他有妄言、兩舌、麤言、綺語、惡戒，我無惡戒，當學漸損。周那！他有不信、懈怠、無念、無定而有惡慧，我無惡慧，當學漸損。

「周那！若但發心，念欲求學諸善法者，則多所饒益，況復身、口行善法耶？周那！他有惡欲念欲，我無惡欲念欲，當發心。周那！他有害意瞋，我無害意瞋，當發心。周那！他有殺生、不與取、非梵行，我無非梵行，當發心。周那！他有增伺、諍意、睡眠所纏、調貢高而有疑惑，我無疑惑，當發心。周那！他有瞋結、諛諂欺誑、無慚無愧，我有慚愧，當發心。周那！他有慢，我無慢，當發心。周那！他有增慢，我無增慢，當發心。周那！他不多聞，我有多聞，當發心。周那！他不觀諸善法，我觀諸善法，當發心。周那！他行非法惡行，我行是法妙行，當發心。周那！他有妄言、兩舌、麤言、綺語、惡戒，我無惡戒，當發心。周那！他有不信、懈怠、無念、無定而有惡慧，我無惡慧，當發心。

「周那！猶如惡道與正道對，猶如惡度與正度對。如是，周那！惡欲者與非惡欲為對，害意瞋者與不害意瞋為對，殺生、不與取、非梵行者與梵行為對，增伺、諍意、睡眠、調貢高、疑惑者與不疑惑為對，瞋結、諛諂欺誑、無慚無愧者與慚愧為對，慢者與不慢為對，增慢者與不增慢為對，不多聞者與多聞為對，不觀諸善法者與觀諸善法為對，行非法惡行者與行是法妙行為對，妄言、兩舌、麤言、綺語、惡戒者與善戒為對，不信、懈怠、無念、無定、惡慧者與善慧為對。

「周那！或有法黑，有黑報，趣至惡處；或有法白，有白報，而得昇上。如是，周那！惡欲者，以非惡欲為昇上。害意瞋者，以不害意瞋為昇上。殺生、不與取、非梵行者，以梵行為昇上。增伺、諍意、睡眠、調貢高、疑惑者，以不疑惑為昇上。瞋結、諛諂欺誑、無慚無愧者，以慚愧為昇上。慢者，以不慢為昇上。增慢者，以不增慢為昇上。不多聞者，以多聞為昇上。不觀諸善法者，以觀諸善法為昇上。行非法惡行者，以行是法妙行為昇上。妄言、兩舌、麤言、綺語、惡戒者，以善戒為昇上。不信、懈怠、無念、無定、惡慧者，以善慧為昇上。

「周那！若有不自調御，他不調御欲調御者，終無是處。自沒溺，他沒溺欲拔出者，終無是處。自不般涅槃，他不般涅槃令般涅槃者，終無是處。周那！若有自調御，他不調御欲調御者，必有是處。自不沒溺，他沒溺欲拔出者，必有是處。自般涅槃，他不般涅槃令般涅槃者，必有是處。如是，周那！惡欲者，以非惡欲為般涅槃。害意瞋者，以不害意瞋為般涅槃。殺生、不與取、非梵行者，以梵行為般涅槃。增伺、諍意、睡眠、調貢高、疑惑者，以不疑惑為般涅槃。瞋結、諛諂欺誑、無慙無愧者，以慙愧為般涅槃。慢者，以不慢為般涅槃。增慢者，以不增慢為般涅槃。不多聞者，以多聞為般涅槃。不觀諸善法者，以觀諸善法為般涅槃。行非法惡行者，以行是法妙行為般涅槃。妄言、兩舌、麤言、綺語、惡戒者，以善戒為般涅槃。不信、懈怠、無念、無定、惡慧者，以善慧為般涅槃。

「是為，周那！我已為汝說漸損法，已說發心法，已說對法，已說昇上法，已說般涅槃法，如尊師所為弟子起大慈哀，憐念愍傷，求義及饒益，求安隱快樂者，我今已作。汝等亦當復自作，至無事處山林樹下空安靜處，坐禪思惟，勿得放逸，勤加精進，莫令後悔。此是我之教勅，是我訓誨。」

佛說如是，尊者大周那及諸比丘聞佛所說，歡喜奉行。

周那問見經第五竟千五百七十五字

(九二)中阿含穢品青白蓮華喻經第六第二小土城誦

我聞如是：一時，佛遊舍衛國，在勝林給孤獨園。

爾時世尊告諸比丘：「或有法從身滅，不從口滅。或有法從口滅，不從身滅。或有法不從身口滅，但以慧見滅。云何法從身滅，不從口滅？比丘者，有不善身行充滿，具足受持著身，諸比丘見已，訶彼比丘：『賢者不善身行充滿，具足受持，何為著身？賢者可捨不善身行，修習善身行。』彼於後時，捨不善身行，修習善身行，是謂法從身滅，不從口滅。

「云何法從口滅，不從身滅？比丘者，不善口行充滿，具足受持著口，諸比丘見已，*訶彼比丘：『賢者不善口行充滿，具足受持，何為著口？賢者可捨不善口行，修習善口行。』彼於後時，捨不善口行，修習善口行，是謂法從口滅，不從身滅。

「云何法不從身口滅，但以慧見滅？增伺不從身口滅，但以慧見滅？如是諍訟、恚恨、瞋纏、不語結、慳嫉、欺誑諛諂、無慚無愧、惡欲惡見，不從身口滅，但以慧見滅。是謂法不從身口滅，但以慧見滅。

「如來或有觀，觀他人心，知此人不如是修身、修戒、修心、修慧，如修身、修戒、修心、修慧，得滅增伺。所以者何？以此人心生惡增伺而住。如是諍訟、恚恨、瞋纏、不語結、慳嫉、欺誑諛諂、無慚無愧，得滅惡欲惡見。所以者何？以此人心生惡欲惡見而住。知此人如是修身、修戒、修心、修慧，如修身、修戒、修心、修慧，得滅增伺。所以者何？以此人心不生惡增伺而住。如是諍訟、恚恨、瞋纏、不語結、慳嫉、欺誑諛諂、無慚無愧，得滅惡欲惡見。所以者何？以此人心不生惡欲惡見而住。猶如青蓮華，紅、赤、白蓮花，水生水長，出水上，不著水。如是如來世間生、世間長，出世間行，不著世間法。所以者何？如來、無所著、等正覺，出一切世間。」

爾時尊者阿難執拂侍佛，於是尊者阿難叉手向佛，白曰：「世尊！此經當名何？云何受持？」

於是世尊告曰：「阿難！此經名為青白蓮華喻，汝當知是善受持誦。」

爾時世尊告諸比丘：「汝等當共受此青白蓮花喻經，誦習守持。所以者何？此青白蓮華喻經，如法有義，是梵行本，致通致覺，亦致涅槃。若族姓子剃除鬚髮，著袈裟衣，至信捨家無家學道者，應當受此青白蓮華喻經，善諷誦持。」

佛說如是，尊者阿難及諸比丘聞佛所說，歡喜奉行。

青白蓮華喻經第六竟七百三字

(九三)中阿含穢品水淨梵志經第七第二小土城誦

我聞如是：一時，佛遊鬱鞞羅尼連然河岸，在阿耶惒羅尼拘類樹下，初得道時。於是有一水淨梵志，中後仿佯往詣佛所。

世尊遙見水淨梵志來，因水淨梵志故，告諸比丘：「若有二十一穢汚於心者，必至惡處生地獄中。云何二十一穢？邪見心穢、非法欲心穢、惡貪心穢、邪法心穢、貪心穢、恚心穢、睡眠心穢、調悔心穢、疑惑心穢、瞋纏心穢、不語結心穢、慳心穢、嫉心穢、欺誑心穢、諛諂心穢、無慙心穢、無愧心穢、慢心穢、大慢心穢、*憍傲心穢、放逸心穢。若有此二十一穢汚於心者，必至惡處生地獄中。猶垢膩衣持與染家，彼染家得，或以淳灰、或以澡豆、或以土漬，極浣令淨。此垢膩衣，染家雖治，或以淳灰、或以澡豆、或以土漬，極浣令淨，然此污衣故有穢色。如是若有二十一穢污於心者，必至惡處生地獄中。云何二十一穢？邪見心穢、非法欲心穢、惡貪心穢、邪法心穢、貪心穢、恚心穢、睡眠心穢、調悔心穢、疑惑心穢、瞋纏心穢、不語結心穢、慳心穢、嫉心穢、欺誑心穢、諛諂心穢、無慚心穢、無愧心穢、慢心穢、大慢心穢、*憍慠心穢、放逸心穢。若有此二十一穢污於心者，必至惡處生地獄中。

「若有二十一穢不污心者，必至善處生於天上。云何二十一穢？邪見心穢、非法欲心穢、惡貪心穢、邪法心穢、貪心穢、恚心穢、睡眠心穢、調悔心穢、疑惑心穢、瞋纏心穢、不語*結心穢、慳心穢、嫉心穢、欺誑心穢、諛諂心穢、無慚心穢、無愧心穢、慢心穢、大慢心穢、憍慠心穢、放逸心穢。若有此二十一穢不汚心者，必至善處生於天上。猶如白淨波羅奈衣持與染家，彼染家得，或以淳灰、或以澡豆、或以土漬，極浣令淨。此白淨波羅奈衣，染家雖治，或以淳灰、或以澡豆、或以土漬，極浣令淨，然此白淨波羅奈衣本已淨而復淨。如是若有二十一穢不汚心者，必至善處生於天上。云何二十一穢？邪見心穢、非法欲心穢、惡貪心穢、邪法心穢、貪心穢、恚心穢、睡眠心穢、調悔心穢、疑惑心穢、瞋纏心穢、不語結心穢、慳心穢、嫉心穢、欺誑心穢、諛諂心穢、無慚心穢、無愧心穢、慢心穢、大慢心穢、憍慠心穢、放逸心穢。若有此二十一穢不污心者，必至善處生於天上。

「若知邪見是心穢者，知已便斷；如是非法欲心穢、惡貪心穢、邪法心穢、貪心穢、恚心穢、睡眠心穢、調悔心穢、疑惑心穢、瞋纏心穢、不語結心穢、慳心穢、嫉心穢、欺誑心穢、諛諂心穢、無慙心穢、無愧心穢、慢心穢、大慢心穢、憍慠心穢，若知放逸是心穢者，知已便斷。彼心與慈俱，遍滿*一方成就遊。如是二三四方、四維上下，普周一切與慈俱，無結無怨，無恚無諍，極廣甚大，無量善修，遍滿一切世間成就遊。如是悲、喜，心與捨俱，無結無怨，無恚無諍，極廣甚大，無量善修，遍滿一切世間成就遊。梵志！是謂洗浴內心，非浴外身。」

爾時梵志語世尊曰：「瞿曇！可詣多水河浴。」

世尊問曰：「梵志！若詣多水河浴者，彼得何等？」

梵志答曰：「瞿曇！彼多水河者，此是世間齋潔之相、度相、福相。瞿曇！若詣多水河浴者，彼則淨除於一切惡。」

爾時世尊為彼梵志而說頌曰：

妙好首梵志，　若入多水河，　是愚常遊戲，　不能淨黑業。
好首何往泉，　何義多水河，　人作不善業，　清水何所益？
淨者無垢穢，　淨者常說戒，　淨者清白業，　常得清淨行。
若汝不殺生，　常不與不取，　真諦不妄語，　常正念正知。

梵志如是學，　一切衆生安，　梵志何還家？　家泉無所淨。
梵志汝當學，　淨洗以善法，　何須弊惡水？　但去身體垢。
梵志白佛曰：　我亦作是念，　淨洗以善法，　何須弊惡水？
梵志聞佛教，　心中大歡喜，　即時禮佛足，　歸命佛法衆。

梵志白曰：「世尊！我已知。善逝！我已解。我今自歸佛、法及比丘衆，唯願世尊受我為優婆塞！從今日始，終身自歸，乃至命盡。」

佛說如是，好首水淨梵志及諸比丘聞佛所說，歡喜奉行。

水淨梵志經第七竟一千二百一十字

(九四)中阿含穢品黑比丘經第八第二小土城誦

我聞如是：一時，佛遊舍衛國，在東園鹿母堂。

是時黑比丘鹿母子常憙鬪諍，往詣佛所。世尊遙見黑比丘來，因黑比丘故，告諸比丘：「或有一人常喜鬪諍，不稱止諍。若有一人常喜鬪諍，不稱止諍者，此法不可樂，不可愛喜，不能令愛念，不能令敬重，不能令修習，不能令攝持，不能令得沙門，不能令得一意，不能令得涅槃。

「或有一人惡欲，不稱止惡欲。若有一人惡欲，不稱止惡欲者，此法不可樂，不可愛憙，不能令愛念，不能令敬重，不得令修習，不能令攝持，不能令得沙門，不能令得一意，不能令得涅槃。

「或有一人犯戒、越戒、缺戒、穿戒、污戒，不稱持戒。若有一人犯戒、越戒、缺戒、穿戒、污戒，不稱持戒者，此法不可樂，不可愛憙，不能令愛念，不能令敬重，不能令修習，不能令攝持，不能令得沙門，不能令得一意，不能令得涅槃。

「或有一人有瞋纏、有不語結、有慳嫉、有諛諂欺誑、有無慙無愧，不稱慙愧。若有一人有瞋纏、有不語結、有慳嫉、有諛諂欺誑、有無慙無愧，不稱慙愧者，此法不可樂，不可愛憙，不能令愛念，不能令敬重，不能令修習，不能令攝持，不能令得沙門，不能令得一意，不能令得涅槃。

「或有一人不經勞諸梵行，不稱經勞諸梵行。若有一人不經勞諸梵行，不稱經勞諸梵行者，此法不可樂，不可愛憙，不能令愛念，不能令敬重，不能令修習，不能令攝持，不能令得沙門，不能令得一意，不能令得涅槃。

「或有一人不觀諸法，不稱觀諸法。若有一人不觀諸法，不稱觀諸法者，此法不可樂，不可愛憙，不能令愛念，不能令敬重，不能令修習，不能令攝持，不能令得沙門，不能令得一意，不能令得涅槃。

「或有一人不宴坐，不稱宴坐。若有一人不宴坐，不稱宴坐者，此法不可樂，不可愛憙，不能令愛念，不能令敬重，不能令修習，不能令攝持，不能令得沙門，不能令得一意，不能令得涅槃。

「此人雖作是念：『令諸梵行者供養、恭敬、禮事於我。』然諸梵行者不供養、恭敬、禮事於彼。所以者何？彼人有此無量惡法，因彼有此無量惡法故，令諸梵行者不供養、恭敬、禮事於彼。猶如惡馬繫在櫪養，雖作是念：『念人繫我著安隱處，與我好飲食，好看視我。』然人不繫著安隱處，不與好飲食，不好看視。所以者何？彼馬有惡法，謂極麁弊，不溫良故，令人不繫著安隱處，不與好飲食，不好看視。如是此人雖作是念：『令諸梵行者供養、恭敬、禮事於我。』然諸梵行者不供養、恭敬、禮事於彼。所以者何？彼人有此無量惡法，因彼有此無量惡法故，令諸梵行者不供養、恭敬、禮事於彼。

「或有一人不憙鬪諍，稱譽止諍。若有一人不憙鬪諍，稱譽止諍者，此法可樂、可愛、可憙，能令愛念，能令敬重，能令修習，能令攝持，能令得沙門，能令得一意，能令得涅槃。

「或有一人不惡欲，稱譽止惡欲。若有一人不惡欲，稱譽止惡欲者，此法可樂、可愛、可憙，能令愛念，能令敬重，能令修習，能令攝持，能令得沙門，能令得一意，能令得涅槃。

「或有一人不犯戒，不越戒、不缺戒、不穿戒、不汚戒，稱譽持戒。若有一人不犯戒、不越戒、不缺戒、不穿戒、不汚戒，稱譽持戒者，此法可樂、可愛、可喜，能令愛念，能令敬重，能令修習，能令攝持，能令得沙門，能令得一意，能令得涅槃。

「或有一人無瞋纏、無不語結、無慳嫉、無諛諂欺誑、無無慚無愧，稱譽慚愧。若有一人無瞋纏、無不語結、無慳嫉、無諛諂欺誑、無無慚無愧，稱譽慚愧者，此法可樂、可愛、可喜，能令愛念，能令敬重，能令修習，能令攝持，能令得沙門，能令得一意，能令得涅槃。

「或有一人經勞諸梵行，稱譽經勞諸梵行。若有一人經勞諸梵行，稱譽經勞諸梵行者，此法可樂、可愛、可喜，能令愛念，能令敬重，能令修習，能令攝持，能令得沙門，能令得一意，能令得涅槃。

「或有一人觀諸法，稱譽觀諸法。若有一人觀諸法，稱譽觀諸法者，此法可樂、可愛、可憙，能令愛念，能令敬重，能令修習，能令攝持，能令得沙門，能令得一意，能令得涅槃。

「或有一人宴坐，稱譽宴坐。若有一人宴坐，稱譽宴坐者，此法可樂、可愛、可憙，能令愛念，能令敬重，能令修習，能令攝持，能令得沙門，能令得一意，能令得涅槃。

「此人雖不作是念：『令諸梵行者供養、恭敬、禮事於我。』然諸梵行者供養、恭敬、禮事於彼。所以者何？彼人有此無量善法，因彼有此無量善法故，令諸梵行者供養、恭敬、禮事於彼。猶如良馬繫在櫪養，雖不作是念：『令人繫我著安隱處，與我好飲食，好看視我。』然人繫彼著安隱處，與好飲食，好看視之。所以者何？彼馬有善法，調軟調好，極溫良故，令人繫著於安隱處，與好飲食，好看視之。如是此人雖不作是念：『令諸梵行者供養、恭敬、禮事於我。』然諸梵行者供養、恭敬、禮事於彼。」

佛說如是，彼諸比丘聞佛所說，歡喜奉行。

黑比丘經第八竟一千五百二十七字

（九五）中阿含穢品住法經第九第二小土城誦

我聞如是：一時，佛遊舍衛國，在勝林給孤獨園。

爾時世尊告諸比丘：「我說退善法不住、不增，我說住善法不退、不增，我說增善法不退、不住。云何退善法不住、不增？比丘者若有篤信、禁戒、博聞、布施、智慧、辯才、阿含及其所得，彼人於此法退不住、不增，是謂退善法不住、不增。云何住善法不退、不增？比丘者若有篤信、禁戒、博聞、布施、智慧、辯才、阿含及其所得，彼人於此法住不退、不增，是謂住善法不退、不增。云何增善法不退、不住？比丘者若有篤信、禁戒、博聞、布施、智慧、辯才、阿含及其所得，彼人於此法增不退、不住，是謂增善法不退、不住。

「比丘者作如是觀，必多所饒益：『我為多行增伺，為多行無增伺？我為多行瞋恚心，為多行無瞋恚心？我為多行睡眠纏，為多行無睡眠纏？我為多行調貢高，為多行無調貢高？我為多行疑惑，為多行無疑惑？我為多行身諍，為多行無身諍？我為多行穢汚心，為多行無穢汚心？我為多行信，為多行不信？我為多行精進，為多行懈怠？我為多行念，為多行無念？我為多行定，為多行無定？我為多行惡慧，為多行無惡慧？』

「若比丘觀時，則知我多行增伺、瞋恚心、睡眠纏、調貢高、疑惑、身諍、穢汚心、不信、懈怠、無念、無定，多行惡慧者，彼比丘欲滅此惡不善法故，便以速求方便，學極精勤，正念正智忍不令退。猶人為火燒頭、燒衣，急求方便救頭、救衣。如是比丘欲滅此惡不善法故，便以速求方便，學極精勤，正念正智忍不令退。若比丘觀時，則知我多行無*增伺，若無瞋恚心、無睡眠纏、無調貢高、無疑惑、無身諍、無穢污心，有信、有進、有念、有定，多行無惡慧者，彼比丘欲住此善法不忘不退，修行廣布故，便以速求方便，學極精勤，正念正智忍不令退。猶人為火燒頭、燒衣，急求方便救頭、救衣。如是比丘欲住此善法不忘不退，修行廣布故，便以速求方便，學極精勤，正念正智忍不令退。」

佛說如是，彼諸比丘聞佛所說，歡喜奉行。

住法經第九竟六百三十一字

（九六）中阿含穢品無經第十第二小土城誦

我聞如是：一時，佛遊舍衛國，在勝林給孤獨園。

爾時尊者舍梨子告諸比丘：「諸賢！若有比丘、比丘尼未聞法者不得聞，已聞法者便忘失；若使有法本所修行，廣布誦習，慧之所解，彼不復憶，知而不知。諸賢！是謂比丘、比丘尼淨法衰退。諸賢！若有比丘、比丘尼未聞法者便得聞，已聞法者不忘失；若使有法本所修行，廣布誦習，慧之所解，彼常憶念，知而復知。是謂比丘、比丘尼淨法轉增。

「諸賢！比丘者當作如是觀：『我為有增伺，為無有增伺？我為有瞋恚心，為無有瞋恚心？我為有睡眠纏，為無有睡眠纏？我為有調貢高，為無有調貢高？我為有疑惑，為無有疑惑？我為有身諍，為無有身諍？我為有穢汚心，為無有穢汚心？我為有信，為無有信？我為有進，為無有進？我為有念，為無有念？我為有定，為無有定？我為有惡慧，為無有惡慧？』

「諸賢！若比丘觀時，則知我有增伺、有瞋恚心、有睡眠纏、有調貢高、有疑惑、有身諍、有穢汚心，無信、無進、無念、無定，有惡慧者，諸賢！彼比丘欲滅此惡不善法故，便以速求方便，學極精勤，正念正智忍不令退。諸賢！猶人為火燒頭、燒衣，急求方便救頭、救衣。諸賢！如是比丘欲滅此惡不善法故，便以速求方便，學極精勤，正念正智忍不令退。

「諸賢！若比丘觀時，則知我無增伺、無瞋恚心、無睡眠纏、無調貢高、無有疑惑、無有身諍、無穢汚心，有信、有進、有念、有定，無惡慧者，彼比丘欲住此善法不忘不退，修行廣布故，便以速求方便，學極精勤，正念正智忍不令退。猶人為火燒頭、燒衣，急求方便救頭、救衣。諸賢！如是比丘欲住此善法不忘不退，修行廣布故，便以速求方便，學極精勤，正念正智忍不令退。」

尊者舍梨子所說如是，彼諸比丘聞尊者舍梨子所說，歡喜奉行。

無經第十竟五百六十八字

中阿含經卷第二十三八千六百五十八字

中阿含穢品第三竟萬六千一百四十字　第二小土城誦

中阿含經卷第二十四

東晉罽賓三藏瞿曇僧伽提婆譯

因品第四 有十經　第二小土城誦

因、止*處、二☆陰，增上心、及念，
師子吼、優曇，願、想最在後。

(九七)中阿含因品大因經第一

我聞如是：一時，佛遊拘樓瘦，在劍磨瑟曇拘樓都邑。

爾時尊者阿難閑居獨處，宴坐思惟，心作是念：「此緣起甚奇！極甚深！明亦甚深！然我觀見至淺至淺。」

於是尊者阿難則於晡時從宴坐起，往詣佛所，稽首佛足，却住一面，白曰：「世尊！我今閑居獨處，宴坐思惟，心作是念：『此緣起甚奇！極甚深！明亦甚深！然我觀見至淺至淺。』」

世尊告曰：「阿難！汝莫作是念：『此緣起至淺至淺。』所以者何？此緣起極甚深！明亦甚深！阿難！於此緣起不知如真，不見如實，不覺不達故，*令彼衆生如織機相鎖，如蘊蔓草，多有調亂，忽忽喧鬧，從此世至彼世，從彼世至此世，往來不能出過生死。阿難！是故知此緣起極甚深！明亦甚深！

「阿難！若有問者：『老死有緣耶？』當如是答：『老死有緣。』若有問者：『老死有何緣？』當如是答：『緣於生也。』阿難！若有問者：『生有緣耶？』當如是答：『生亦有緣。』若有問者：『生有何緣？』當如是答：『緣於有也。』阿難！若有問者：『有有緣耶？』當如是答：『有亦有緣。』若有問者：『有有何緣？』當如是答：『緣於受也。』阿難！若有問者：『受有緣耶？』當如是答：『受亦有緣。』若有問者：『受有何緣？』當如是答：『緣於愛也。』阿難！是為緣愛有受，緣受有有，緣有有生，緣生有老死，緣老死有愁慼，啼哭憂苦懊惱皆緣老死有，如此具足純生大苦陰。

「阿難！緣生有老死者，此說緣生有老死，當知所謂緣生有老死。阿難！若無生，魚、魚種，鳥、鳥種，蚊、蚊種，龍、龍種，神、神種，鬼、鬼種，天、天種，人、人種，阿難！彼彼衆生隨彼彼處，若無生，各各無生者，設使離生，當有老死耶？」

答曰：「無也。」

「阿難！是故當知是老死因、老死習、老死本、老死緣者，謂此生也。所以者何？緣生故則有老死。阿難！緣有有生者，此說緣有有生，當知所謂緣有有生。阿難！若無有，魚、魚種，鳥、鳥種，蚊、蚊種，龍、龍種，神、神種，鬼、鬼種，天、天種，人、人種，阿難！彼彼衆生隨彼彼處無有，各各無有者，設使離有，當有生耶？」

答曰：「無也。」

「阿難！是故當知是生因、生習、生本、生緣者，謂此有也。所以者何？緣有故則有生。阿難！緣受有有者，此說緣受有有，當知所謂緣受有有。阿難！若無受，各各無受者，設使離受，當復有有，施設有有耶？」

答曰：「無也。」

「阿難！是故當知是有因、有習、有本、有緣者，謂此受也。所以者何？緣受故則有有。阿難！緣愛有受者，此說緣愛有受，當知所謂緣愛有受。阿難！若無愛，各各無愛者，設使離愛，當復有受立於受耶？」

答曰：「無也。」

「阿難！是故當知是受因、受習、受本、受緣者，謂此愛也。所以者何？緣愛故則有受。阿難！是為緣愛有求，緣求有利，緣利有分，緣分有染欲，緣染欲有著，緣著有慳，緣慳有家，緣家有守。阿難！緣守故便有刀杖、鬪諍、諛諂、欺誑、妄言、兩舌，起無量惡不善之法，有如此具足純生大苦陰。阿難！若無守，各各無守者，設使離守，當有刀杖、鬪諍、諛諂、欺誑、妄言、兩舌，起無量惡不善之法耶？」

答曰：「無也。」

「阿難！是故當知是刀杖、鬪諍、諛諂、欺誑、妄言、兩舌，起無量惡不善之法，因是習、是本、是緣者，謂此守也。所以者何？緣守故則有刀杖、鬪諍、諛諂、欺誑、妄言、兩舌，起無量惡不善之法，有如此具足純生大苦陰。阿難！緣家有守者，此說緣家有守，當知所謂緣家有守。阿難！若無家，各各無家者，設使離家，當有守耶？」

答曰：「無也。」

「阿難！是故當知是守因、守習、守本、守緣者，謂此家也。所以者何？緣家故則有守。阿難！緣慳有家者，此說緣慳有家，當知所謂緣慳有家。阿難！若無慳，各各無慳者，設使離慳，當有家耶？」

答曰：「無也。」

「阿難！是故當知是家因、家習、家本、家緣者，謂此慳也。所以者何？緣慳故則有家。阿難！緣著有慳者，此說緣著有慳，當知所謂緣著有慳。阿難！若無著，各各無著者，設使離著，當有慳耶？」

答曰：「無也。」

「阿難！是故當知是慳因、慳習、慳本、慳緣者，謂此著也。所以者何？緣著故則有慳。阿難！緣欲有著者，此說緣欲有著，當知所謂緣欲有著。阿難！若無欲，各各無欲者，設使離欲，當有著耶？」

答曰：「無也。」

「阿難！是故當知是著因、著習、著本、著緣者，謂此欲也。所以者何？緣欲故則有著。阿難！緣分有染欲者，此說緣分有染欲，當知所謂緣分有染欲。阿難！若無分，各各無分者，設使離分，當有染欲耶？」

答曰：「無也。」

「阿難！是故當知是染欲因、染欲習、染欲本、染欲緣者，謂此分也。所以者何？緣分故則有染欲。阿難！緣利有分者，此說緣利有分，當知所謂緣利有分。阿難！若無利，各各無利者，設使離利，當有分耶？」

答曰：「無也。」

「阿難！是故當知是分因、分習、分本、分緣者，謂此利也。所以者何？緣利故則有分。阿難！緣求有利者，此說緣求有利，當知所謂緣求有利。阿難！若無求，各各無求者，設使離求，當有利耶？」

答曰：「無也。」

「阿難！是故當知是利因、利習、利本、利緣者，謂此求也。所以者何？緣求故*則有利。阿難！緣愛有求者，此說緣愛有求，當知所謂緣愛有求。阿難！若無愛，各各無愛者，設使離愛，當有求耶？」

答曰：「無也。」

「阿難！是故當知是求因、求習、求本、求緣者，謂此愛也。所以者何？緣愛故則有求。阿難！欲愛及有愛，此二法因覺緣覺致來。阿難！若有問者：『覺有緣耶？』當如是答：『覺亦有緣。』若有問者：『覺有何緣？』當如是答：『緣更樂也。』當知所謂緣更樂有覺。阿難！若無有眼更樂，各各無眼更樂者，設使離眼更樂，當有緣眼更樂生樂覺、苦覺、不苦不樂覺耶？」

答曰：「無也。」

「阿難！若無耳、鼻、舌、身、意更樂，各各無意更樂者，設使離意更樂，當有緣意更樂生樂覺、苦覺、不苦不樂覺耶？」

答曰：「無也。」

「阿難！是故當知是覺因、覺習、覺本、覺緣者，謂此更樂也。所以者何？緣更樂故則有覺。阿難！若有問者：『更樂有緣耶？』當如是答：『更樂有緣。』若有問者：『更樂有何緣？』當如是答：『緣名色也。』當知所謂緣名色有更樂。阿難！所行、所緣有名身，離此行，離此緣，有有對更樂耶？」

答曰：「無也。」

「阿難！所行、所緣有色身，離此行，離此緣，有增語更樂耶？」

答曰：「無也。」

「設使離名身及色身，當有更樂施設更樂耶？」

答曰：「無也。」

「阿難！是故當知是更樂因、更樂習、更樂本、更樂緣者，謂此名色也。所以者何？緣名色故則有更樂。阿難！若有問者：『名色有緣耶？』當如是答：『名色有緣。』若有問者：『名色有何緣？』當如是答：『緣識也。』當知所謂緣識有名色。阿難！若識不入母胎者，有名色成此身耶？」

答曰：「無也。」

「阿難！若識入胎即出者，名色會精耶？」

答曰：「不會。」

「阿難！若幼童男童女識，初斷壞不有者，名色轉增長耶？」

答曰：「不也。」

「阿難！是故當知是名色因、名色習、名色本、名色緣者，謂此識也。所以者何？緣識故則有名色。阿難！若有問者：『識有緣耶？』當如是答：『識亦有緣。』若有問者：『識有何緣？』當如是答：『緣名色也。』當知所謂緣名色有識。阿難！若識不得名色，若識不立、不倚名色者，識寧有生、有老、有病、有死、有苦耶？」

答曰：「無也。」

「阿難！是故當知是識因、識習、識本、識緣者，謂此名色也。所以者何？緣名色故則有識。阿難！是為緣名色有識，緣識亦有名色，由是增語，增語說傳，傳說可施設有，謂識、名色共俱也。阿難！云何有一見有神耶？」

尊者阿難白世尊曰：「世尊為法本，世尊為法主，法由世尊，唯願說之！我今聞已得廣知義。」

佛便告曰：「阿難！諦聽！善思念之，我當為汝分別其義。」

尊者阿難受教而聽，佛言：「阿難！或有一見覺是神，或復有一不見覺是神，見神能覺，然神法能覺；或復有一不見覺是神，亦不見神能覺，然神法能覺，但見神無所覺。阿難！若有一見覺是神者，應當問彼：『汝有三覺：樂覺、苦覺、不苦不樂覺，汝此三覺為見何覺是神耶？』阿難！當復語彼，若有覺樂覺者，彼於爾時二覺滅：苦覺、不苦不樂覺，彼於爾時唯覺樂覺。樂覺者，是無常法、苦法、滅法，若樂覺已滅，彼不作是念：『非為神滅耶？』阿難！若復有一覺苦覺者，彼於爾時二覺滅：樂覺、不苦不樂覺，彼於爾時唯覺苦覺。苦覺者，是無常法、苦法、滅法，若苦覺已滅，彼不作是念：『非為神滅耶？』阿難！若復有一覺不苦不樂覺者，彼於爾時二覺滅：樂覺、苦覺，彼於爾時唯覺不苦不樂覺。不苦不樂覺者，是無常法、苦法、滅法，若不苦不樂覺已滅，彼不作是念：『非為神滅耶？』阿難！彼如是無常法但離苦樂，當復見覺是神耶？」

答曰：「不也。」

「阿難！是故彼如是無常法，但離苦樂，不應復見覺是神也。阿難！若復有一不見覺是神，然神能覺，見神法能覺者，應當語彼：『汝若無覺者，覺不可得，不應說是我所有。』阿難！彼當復如是見覺不是神，然神能覺，見神法能覺耶？」

答曰：「不也。」

「阿難！是故彼不應如是見覺非神，神能覺，見神法能覺。阿難！若復有一不見覺是神，亦不見神能覺，然神法能覺，但見神無所覺者，應當語彼：『汝若無覺都不可得，神離覺者，不應神清淨。』阿難！彼當復見覺非神，亦不見神能覺，神法能覺，但見神無所覺耶？」

答曰：「不也。」

「阿難！是故彼不應如是見覺非神，亦不見神能覺，神法能覺，但見神無所覺，是謂有一見有神也。阿難！云何有一不見有神耶？」

尊者阿難白世尊曰：「世尊為法本，世尊為法主，法由世尊，唯願說之！我今聞已得廣知義。」

佛便告曰：「阿難！諦聽！善思念之，我當為汝分別其義。」

尊者阿難受教而聽。佛言：「阿難！或有一不見覺是神，亦不見神能覺，然神法能覺，亦不見神無所覺，彼如是不見已，則不受此世間。彼不受已，則不疲勞。不疲勞已，便般涅槃：我生已盡，梵行已立，所作已辦，不更受有，知如真。阿難！是謂增語，增語說傳，傳說可施設有。知是者，則無所受。阿難！若比丘如是正解脫者，此不復有見如來終，見如來不終，見如來終、不終，見如來亦非終、亦非不終，是謂有一不見有神也。阿難！云何有一有神施設而施設耶？」

尊者阿難白世尊曰：「世尊為法本，世尊為法主，法由世尊，唯願說之！我今聞已得廣知義。」

佛便告曰：「阿難！諦聽！善思念之，我當為汝分別其義。」

尊者阿難受教而聽。佛言：「阿難！或有一少色是神施設而施設。或復有一非少色是神施設而施設，無量色是神施設而施設。或復有一非少色是神施設而施設，亦非無量色是神施設而施設，少無色是神施設而施設。或復有一非少色是神施設而施設，亦非無量色是神施設而施設，亦非少無色是神施設而施設，無量無色是神施設而施設。

「阿難！若有一少色是神施設而施設者，彼今少色是神施設而施設，身壞命終，亦如是說，亦如是見。有神若離少色時，亦如是如是思，彼作如是念。阿難！如是有一少色是神施設而施設，如是有一少色是神見著而著。

「阿難！若復有一非少色是神施設而施設，無量色是神施設而施設者，彼今無量色是神施設而施設，身壞命終，亦如是說，亦如是見。有神若離無量色時，亦如是如是思，彼作如是念。阿難！如是有一無量色是神施設而施設，如是無量色是神見著而著。

「阿難！若復有一非少色是神施設而施設，亦非無量色是神施設而施設，少無色是神施設而施設者，彼今少無色是神施設而施設，身壞命終，亦如是說，亦如是見。有神若離少無色時，亦如是如是思，彼作如是念。阿難！如是有一少無色是神施設而施設，如是有一少無色是神見著而著。

「阿難！若復有一非少色是神施設而施設，亦非無量色是神施設而施設，亦非少無色是神施設而施設，無量無色是神施設而施設者，彼今無量無色是神施設而施設，身壞命終，亦如是說，亦如是見。有神若離無量無色時，亦如是如是思，彼作如是念。阿難！如是有一無量無色是神施設而施設，如是有一無量無色是神見著而著，是謂有一有神施設而施設也。

「阿難！云何有一無神施設而施設耶？」

尊者阿難白世尊曰：「世尊為法本，世尊為法主，法由世尊，唯願說之！我今聞已得廣知義。」

佛便告曰：「阿難！諦聽！善思念之，我當為汝分別其義。」

尊者阿難受教而聽。佛言：「阿難！或有一非少色是神施設而施設，亦非無量色是神施設而施設，亦非少無色是神施設而施設，亦非無量無色是神施設而施設。阿難！若有一非少色是神施設而施設者，彼非今少色是神施設而施設，身壞命終，亦不如是說，亦不如是見。有神若離少色時，亦不如是如是思，亦不作如是念。阿難！如是有一非少色是神施設而施設，如是有一非少色是神不見著而著。

「阿難！若復有一非無量色是神施設而施設者，彼非今無量色是神施設而施設，身壞命終，亦不如是說，亦不如是見。有神若離無量色時，亦不如是如是思，亦不作如是念。阿難！如是有一非無量色是神施設而施設，如是有一非無量色是神不見著而著。

「阿難！若復有一非少無色是神施設而施設者，彼非今少無色是神施設而施設，身壞命終，亦不如是說，亦不如是見。有神若離少無色時，亦不如是如是思，亦不作如是念。阿難！如是有一非少無色是神施設而施設，如是有一非少無色是神不見著而著。

「阿難！若復有一非無量無色是神施設而施設者，彼非今無量無色是神施設而施設，身壞命終，亦不如是說，亦不如是見。有神若離無量無色時，亦不如是如是思，亦不作如是念。阿難！如是有一非無量無色是神施設而施設，如是有一非無量無色是神不見著而著。阿難！是謂有一無神施設而施設也。

「復次，阿難！有七識住及二處。云何七識住？有色衆生若干身、若干想，謂人及欲天，是謂第一識住。復次，阿難！有色衆生若干身、一想，謂梵天初生不夭壽，是謂第二識住。復次，阿難！有色衆生一身、若干想，謂晃昱天，是謂第三識住。復次，阿難！有色衆生一身、一想，謂遍淨天，是謂第四識住。復次，阿難！有無色衆生度一切色想，滅有對想，不念若干想，無量空處，是空處成就遊，謂無量空處天，是謂第五識住。復次，阿難！有無色衆生度一切無量空處，無量識處，是識處成就遊，謂無量識處天，是謂第六識住。復次，阿難！有無色衆生度一切無量識處，無所有處，是無所有處成就遊，謂無所有處天，是謂第七識住。

「阿難！云何有二處？有色衆生無想無覺，謂無想天，是謂第一處。復次，阿難！有無色衆生度一切無所有處，非有想非無想處，是非有想非無想處成就遊，謂非有想非無想處天，是謂第二處。

「阿難！第一識住者，有色衆生若干身、若干想，謂人及欲天。阿難！若有比丘知彼識住，知識住習，知滅、知味、知患、知出要如真，阿難！此比丘寧可樂彼識住，計著住彼識住耶？」

答曰：「不也。」

「阿難！第二識住者，有色衆生若干身、一想，謂梵天初生不夭壽。若有比丘知彼識住，知識住習，知滅、知味、知患、知出要如真，阿難！此比丘寧可樂彼識住，計著住彼識住耶？」

答曰：「不也。」

「阿難！第三識住者，有色衆生一身、若干想，謂晃昱天。若有比丘知彼識住，知識住習，知滅、知味、知患、知出要如真，阿難！此比丘寧可樂彼識住，計著住彼識住耶？」

答曰：「不也。」

「阿難！第四識住者，有色衆生一身、一想，謂遍淨天。若有比丘知彼識住，知識住習，知滅、知味、知患、知出要如真，阿難！此比丘寧可樂彼識住，計著住彼識住耶？」

答曰：「不也。」

「阿難！第五識住者，無色衆生度一切色想，滅有對想，不念若干想，無量空處，是空處成就遊，謂無量空處天。若有比丘知彼識住，知識住習，知滅、知味、知患，知出要如真，阿難！此比丘寧可樂彼識住，計著住彼識住耶？」

答曰：「不也。」

「阿難！第六識住者，無色衆生度一切無量空處，無量識處，是識處成就遊，謂無量識處天。若有比丘知彼識住，知識住習，知滅、知味、知患、知出要如真，阿難！此比丘寧可樂彼識住，計著住彼識住耶？」

答曰：「不也。」

「阿難！第七識住者，無色衆生度一切無量識處，無所有處，是無所有處成就遊，謂無所有處天。若有比丘知彼識住，知識住習，知滅、知味、知患、知出要如真，阿難！此比丘寧可樂彼識住，計著住彼識住耶？」

答曰：「不也。」

「阿難！第一處者，有色衆生無想無覺，謂無想天。若有比丘知彼處，知彼處習，知滅、知味、知患、知出要如真，阿難！此比丘寧可樂彼處，計著住彼處耶？」

答曰：「不也。」

「阿難！第二處者，無色衆生度一切無所有處，非有想非無想處，是非有想非無想處成就遊，謂非有想非無想處天。若有比丘知彼處，知彼處習，知滅、知味、知患、知出要如真，阿難！此比丘寧可樂彼處，計著住彼處耶？」

答曰：「不也。」

「阿難！若有比丘彼七識住及二處知如真，心不染著得解脫者，是謂比丘阿羅訶，名慧解脫。

「復次，阿難！有八解脫。云何為八？色觀色，是謂第一解脫。

復次，內無色想外觀色，是謂第二解脫。復次，淨解脫身作證成就遊，是謂第三解脫。復次，度一切色想，滅有對想，不念若干想，無量空處，是無量空處成就遊，是謂第四解脫。復次，度一切無量空處，無量識處，是無量識處成就遊，是謂第五解脫。復次，度一切無量識處，無所有處，是無所有處成就遊，是謂第六解脫。復次，度一切無所有處，非有想非無想處，是非有想非無想處成就遊，是謂第七解脫。復次，度一切非有想非無想處，想知滅解脫，身作證成就遊，及慧觀諸漏盡知，是謂第八解脫。

「阿難！若有比丘彼七識住及二處知如真，心不染著得解脫，及此八解脫，順逆身作證成就遊，亦慧觀諸漏盡者，是謂比丘阿羅訶，名俱解脫。」

佛說如是，尊者阿難及諸比丘聞佛所說，歡喜奉行。

大因經第一竟五千四百七十二字

（九八）中阿含因品念處經第二第二小土城誦

我聞如是：一時，佛遊拘樓瘦，在劒磨瑟曇拘樓都邑。

爾時世尊告諸比丘：「有一道淨衆生，度憂畏滅苦惱，斷啼哭，得正法，謂四念處。若有過去諸如來、無所著、等正覺，悉斷五蓋、心穢、慧羸，立心正住於四念處，修七覺支，得覺無上正盡之覺。若有未來諸如來、無所著、等正覺，悉斷五蓋、心穢、慧羸，立心正住於四念處，修七覺支，得覺無上正盡之覺。我今現在如來、無所著、等正覺，我亦斷五蓋、心穢、慧羸，立心正住於四念處，修七覺支，得覺無上正盡之覺。

「云何為四？觀身如身念處，如是觀覺、心、法如法念處。云何觀身如身念處？比丘者，行則知行，住則知住，坐則知坐，臥則知臥，眠則知眠，寤則知寤，眠*寤則知眠寤。如是比丘觀內身如身，觀外身如身，立念在身，有知有見，有明有達，是謂比丘觀身如身。

「復次，比丘！觀身如身比丘者，正知出入善觀分別，屈伸低昂儀容庠序，善著僧伽梨及諸衣鉢，行住坐臥、眠寤語默皆正知之。如是比丘觀內身如身，觀外身如身，立念在身，有知有見，有明有達，是謂比丘觀身如身。

「復次，比丘！觀身如身比丘者，生惡不善念，以善法念治斷滅止，猶木工師、木工弟子，彼持墨繩用*絣於木，則以利斧斫治令直；如是比丘生惡不善念，以善法念治斷滅止。如是比丘觀內身如身，觀外身如身，立念在身，有知有見，有明有達，是謂比丘觀身如身。

「復次，比丘！觀身如身比丘者，齒齒相著舌逼上齶，以心治心，治斷滅止，猶二力士捉一羸人，處處*旋捉☆自在打鍛；如是比丘齒齒相著舌逼上齶，以心治心，治斷滅止。如是比丘觀內身如身，觀外身如身，立念在身，有知有見，有明有達，是謂比丘觀身如身。

「復次，比丘！觀身如身比丘者，念入息即知念入息，念出息即知念出息，入息長即知入息長，出息長即知出息長，入息短即知入息短，出息短即知出息短，*覺一切身息入，覺一切身息出，學止身行息入，學止口行息出。如是比丘觀內身如身，觀外身如身，立念在身，有知有見，有明有達，是謂比丘觀身如身。

「復次，比丘！觀身如身比丘者，離生喜樂，漬身潤澤，普遍充滿於此身中，離生喜樂無處不遍，猶工浴人器盛澡豆，水和成摶，水漬潤澤，普遍充滿無處不周；如是比丘離生喜樂，漬身潤澤，普遍充滿於此身中，離生喜樂無處不遍。如是比丘觀內身如身，觀外身如身，立念在身，有知有見，有明見達，是謂比丘觀身如身。

「復次，比丘！觀身如身比丘者，定生喜樂，漬身潤澤，普遍充滿於此身中，定生喜樂無處不遍，猶如山泉，清淨不濁充滿流溢，四方水來無緣得入，即彼泉底，水自涌出流溢於外，漬山潤澤，普遍充滿無處不周；如是比丘定生喜樂，漬身潤澤，普遍充滿於此身中，定生喜樂無處不遍。如是比丘觀內身如身，觀外身如身，立念在身，有知有見，有明有達，是謂比丘觀身如身。

「復次，比丘！觀身如身比丘者，無喜生樂，漬身潤澤，普遍充滿於此身中，無喜生樂無處不遍，猶青蓮華，紅、赤、白蓮，水生水長，在於水底，彼根、莖、華、葉悉漬潤澤，普遍充滿無處不周；如是比丘無喜生樂，漬身潤澤，普遍充滿於此身中，無喜生樂無處不遍。如是比丘觀內身如身，觀外身如身，立念在身，有知有見，有明有達，是謂比丘觀身如身。

「復次，比丘！觀身如身比丘者，於此身中以清淨心意解遍滿成就遊，於此身中以清淨心無處不遍，猶有一人，被七肘衣或八肘衣，從頭至足，於其身體無處不覆；如是比丘於此身中，以清淨心無處不遍。如是比丘觀內身如身，觀外身如身，立念在身，有知有見，有明有達，是謂比丘觀身如身。

「復次，比丘！觀身如身比丘者，念光明想，善受、善持，善憶所念，如前後亦然，如後前亦然，如晝夜亦然，如夜晝亦然，如下上亦然，如上下亦然，如是不顛倒，心無有纏，修光明心，心終不為闇之所覆。如是比丘觀內身如身，觀外身如身，立念在身，有知有見，有明有達，是謂比丘觀身如身。

「復次，比丘！觀身如身比丘者，善受觀相，善憶所念，猶如有人，坐觀臥人，臥觀坐人；如是比丘善受觀相，善憶所念。如是比丘觀內身如身，觀外身如身，立念在身，有知有見，有明有達，是謂比丘觀身如身。

「復次，比丘！觀身如身比丘者，此身隨住，隨其好惡，從頭至足，觀見種種不淨充滿：我此身中有髮髦爪齒、麁細薄膚、皮肉筋骨、心腎肝肺、大腸小腸、脾胃摶糞、腦及腦根、淚汗涕唾、膿血肪髓、涎*痰小便。猶如器盛若干種子，有目之士悉見分明，謂稻、粟種、蔓菁、芥子。如是比丘此身隨住，隨其好惡，從頭至足，觀見種種不淨充滿：我此身中有髮髦爪齒、麤細薄膚、皮肉筋骨、心腎肝肺、大腸小腸、脾胃摶糞、腦及腦根、淚汗涕唾、膿血肪髓、涎*痰小便。如是比丘觀內身如身，觀外身如身，立念在身，有知有見，有明有達，是謂比丘觀身如身。

「復次，比丘！觀身如身比丘者，觀身諸界：我此身中有地界、水界、火界、風界、空界、識界。猶如屠兒殺牛，剝皮布*於地☆上，分作六段；如是比丘觀身諸界：我此身中，地界、水界、火界、風界、空界、識界。如是比丘觀內身如身，觀外身如身，立念在身，有知有見，有明有達，是謂比丘觀身如身。

「復次，比丘！觀身如身比丘者，觀彼死屍，或一、二日，至六、七日，烏鵄所啄，豺狼所食，火燒埋地，悉腐爛壞，見已自比：『今我此身亦復如是，俱有此法，終不得離。』如是比丘觀內身如身，觀外身如身，立念在身，有知有見，有明有達，是謂比丘觀身如身。

「復次，比丘！觀身如身比丘者，如本見息道，骸骨青色，爛腐*餘半，骨*鏁在地，見已自比：『今我此身亦復如是，俱有此法，終不得離。』如是比丘觀內身如身，觀外身如身，立念在身，有知有見，有明有達，是謂比丘觀身如身。

「復次，比丘！觀身如身比丘者，如本見息道，離皮肉血，唯筋相連，見已自比：『今我此身亦復如是，俱有此法，終不得離。』如是比丘觀內身如身，觀外身如身，立念在身，有知有見，有明有達，是謂比丘觀身如身。

「復次，比丘！觀身如身比丘者，如本見息道，骨節解散，散在諸方，足骨、膊骨、髀骨、髖骨、脊骨、肩骨、頸骨、髑髏骨，各在異處，見已自比：『今我此身亦復如是，俱有此法，終不得離。』如是比丘觀內身如身，觀外身如身，立念在身，有知有見，有明有達，是謂比丘觀身如身。

「復次，比丘！觀身如身比丘者，如本見息道，骨白如螺，青猶鴿色，赤若血塗，腐壞碎粖，見已自比：『今我此身亦復如是，俱有此法，終不得離。』如是比丘觀內身如身，觀外身如身，立念在身，有知有見，有明有達，是謂比丘觀身如身。若比丘、比丘尼如是少少觀身如身者，是謂觀身如身念處。

「云何觀覺如覺念處？比丘者，覺樂覺時，便知覺樂覺；覺苦覺時，便知覺苦覺；覺不苦不樂覺時，便知覺不苦不樂覺。覺樂身、苦身、不苦不樂身，樂心、苦心、不苦不樂心，樂食、苦食、不苦不樂食，樂無食、苦無食、不苦不樂無食，樂欲、苦欲、不苦不樂欲，樂無欲⊙覺、苦無欲覺、不苦不樂無欲覺時，便知覺不苦不樂無欲覺。如是比丘觀內覺如覺，觀外覺如覺，立念在覺，有知有見，有明有達，是謂比丘觀覺如覺。若比丘、比丘尼如是少少觀覺如覺者，是謂觀覺如覺念處。

「云何觀心如心念處？比丘者，有欲心知有欲心如真，無欲心知無欲心如真，有恚無恚、有癡無癡、有穢汚無穢汚、有合有散、有下有高、有小有大、修不修、定不定，有不解脫心知不解脫心如真，有解脫心知解脫心如真。如是比丘觀內心如心，觀外心如心，立念在心，有知有見，有明有達，是謂比丘觀心如心。若有比丘、比丘尼如是少少觀心如心者，是謂觀心如心念處。

「云何觀法如法念處？眼緣色生內結。比丘者，內實有結知內有結如真，內實無結知內無結如真，若未生內結而生者知如真，若已生內結滅不復生者知如真。如是耳、鼻、舌、身、意緣法生內結。比丘者，內實有結知內有結如真，內實無結知內無結如真，若未生內結而生者知如真，若已生內結滅不復生者知如真。如是比丘觀內法如法，觀外法如法，立念在法，有知有見，有明有達，是謂比丘觀法如法，謂內六處。

「復次，比丘！觀法如法比丘者，內實有欲知有欲如真，內實無欲知無欲如真，若未生欲而生者知如真，若已生欲滅不復生者知如真。如是瞋恚、睡眠、調悔，內實有疑知有疑如真，內實無疑知無疑如真，若未生疑而生者知如真，若已生疑滅不復生者知如真。如是比丘觀內法如法，觀外法如法，立念在法，有知有見，有明有達，是謂比丘觀法如法，謂五蓋也。

「復次，比丘！觀法如法比丘者，內實有念覺支知有念覺支如真，內實無念覺支知無念覺支如真，若未生念覺支而生者知如真，若已生念覺支便住不忘而不衰退，轉修增廣者知如真。如是⊙擇法、精進、喜、息、定。比丘者，內實有捨覺支知有捨覺支如真，內實無捨覺支知無捨覺支如真，若未生捨覺支而生者知如真，若已生捨覺支便住不忘而不衰退，轉修增廣者知如真。如是比丘觀內法如法，觀外法如法，立念在法，有知有見，有明有達，是謂比丘觀法如法，謂七覺支。若有比丘、比丘尼如是少少觀法如法者，是謂觀法如法念處。

「若有比丘、比丘尼七年立心正住四念處者，彼必得二果，或現法得究竟智，或有餘得阿那含。置七年、六五四三二一年，若有比丘、比丘尼七月立心正住四念處者，彼必得二果，或現法得究竟智，或有餘得阿那含。置七月、六五四三二一月，若有比丘、比丘尼七日七夜立心正住四念處者，彼必得二果，或現法得究竟智，或有餘得阿那含。置七日七夜、六五四三二，置一日一夜，若有比丘、比丘尼少少須臾頃，立心正住四念處者，彼朝行如是，暮必得昇進；暮行如是，朝必得昇進。」

佛說如是，彼諸比丘聞佛所說，歡喜奉行。

念處經第二竟 三千一百三十七字

中阿含經卷第二十四 八千六百九字　第二小土城誦

中阿含經卷第二十五

東晉罽賓三藏瞿曇僧伽提婆譯

(九九)因品苦陰經第三 第二小土城誦

我聞如是：一時，佛遊舍衛國，在勝林給孤獨園。

爾時諸比丘於中食後，少有所為集坐講堂。於是眾多異學，中後仿佯往詣諸比丘所，共相問訊，却坐一面，語諸比丘：「諸賢！沙門瞿曇施設知斷欲，施設知斷色，施設知斷覺。諸賢！我等亦施設知斷欲，施設知斷色，施設知斷覺。沙門瞿曇及我等，此二知二斷，為有何勝？有何差別？」

於是諸比丘聞彼衆多異學所說，不是亦不非，默然起去，並作是念：「如此所說，我等當從世尊得知。」便詣佛所，稽首作禮，却坐一面，謂與衆多異學所可共論，盡向佛說。

彼時世尊告諸比丘：「汝等即時應如是問衆多異學：『諸賢！云何欲味？云何欲患？云何欲出要？云何色味？云何色患？云何色出要？云何覺味？云何覺患？云何覺出要？』諸比丘！若汝等作如是問者，彼等聞已，便更互相難說外餘事，瞋諍轉增，必從座起，默然而退。所以者何？我不見此世，天及魔、梵、沙門、梵志、一切餘衆，能知此義而發遣者，唯有如來、如來弟子或從此聞。」

佛言：「云何欲味？謂因五欲功德生樂生喜，極是欲味無復過是，所患甚多。

「云何欲患？族姓子者，隨其伎術以自存活，或作田業、或行治生、或以學書、或明算術、或知工數、或巧刻印、或作文章、或造手筆、或曉經書、或作勇將、或奉事王。彼寒時則寒，熱時則熱，飢渴、疲勞，蚊虻所蜇，作如是業求圖錢財。彼族姓子如是方便，作如是行，作如是求，若不得錢財者，便生憂苦、愁慼、懊惱，心則生癡，作如是說：『唐作唐苦！所求無果。』彼族姓子如是方便，作如是行，作如是求，若得錢財者，彼便愛惜守護密藏。所以者何？『我此財物，莫令王奪、賊劫、火燒、腐壞、亡失，出財無利，或作諸業而不成就。』彼作如是守護密藏，若有王奪、賊劫、火燒、腐壞、亡失，便生憂苦、愁慼、懊惱，心則生癡，作如是說：『*若有長夜所可愛念者，彼則亡失。』是謂現法苦陰，因欲緣欲，以欲為本。

「復次，衆生因欲緣欲，以欲為本故，母共子諍，子共母諍，父子、兄弟、姉妹、親族展轉共諍。彼既如是共鬪諍已，母說子惡，子說母惡，父子、兄弟、姉妹、親族更相說惡，況復他人！是謂現法苦陰，因欲緣欲，以欲為本。

「復次，衆生因欲緣欲，以欲為本故，王王共諍，梵志梵志共諍，居士居士共諍，民民共諍，國國共諍。彼因鬪諍共相憎故，以種種器仗轉相加害，或以拳扠石擲，或以杖打刀斫。彼當鬪時，或死、或怖，受極重苦。是謂現法苦陰，因欲緣欲，以欲為本。

「復次，衆生因欲緣欲，以欲為本故，著鎧被袍持稍弓箭，或執刀楯，入在軍陣，或以象鬪，或馬、或車、或以步軍、或以男女鬪。彼當鬪時，或死、或怖，受極重苦。是謂現法苦陰，因欲緣欲，以欲為本。

「復次，衆生因欲緣欲，以欲為本故，著鎧被袍持稍弓箭，或執刀楯，往奪他國，攻城破塢共相格戰，打鼓吹角高聲喚呼。或以槌打，或以鉾戟，或以利輪，或以箭射，或亂下石，或以大弩，或以融銅珠子灑之。彼當鬪時，或死、或怖，受極重苦。是謂現法苦陰，因欲緣欲，以欲為本。

「復次，衆生因欲緣欲，以欲為本故，著鎧被袍持矟弓箭，或執刀楯，入村、入邑、入國、入城，穿牆發藏劫奪財物，斷截王路。或至他巷，壞村、害邑，滅國、破城。於中或為王人所捉種種*拷治，截手、截足或截手足，截耳、截鼻或截耳鼻，或臠臠割，拔鬚、拔髮或拔鬚髮，或著檻中衣裹火燒，或以沙壅草纏火焫，或內鐵驢腹中，或著鐵猪口中，或置鐵虎口中燒，或安銅釜中，或著鐵釜中煮，或段段截，或利叉刺，或鐵鉤鉤，或臥鐵床以沸油澆，或坐鐵臼以鐵杵擣，或龍蛇蜇，或以鞭鞭，或以杖撾，或以棒打，或生貫高標上，或梟其首。彼在其中，或死、或怖，受極重苦。是謂現法苦陰，因欲緣欲，以欲為本。

「復次，眾生因欲緣欲，以欲為本故，行身惡行，行口、意惡行。彼於後時，疾病著床，或坐、臥地以苦逼身，身受極重苦不可愛樂。彼若有身惡行，口、意惡行，彼臨終時在前覆障，猶日將沒，大山崗側影障覆地。如是彼若有身惡行，口、意惡行，在前覆障，彼作是念：『我本惡行，在前覆我，我本不作福業，多作惡業。若使有人作惡凶暴，唯為罪，不作福，不行善，無所畏、無所依、無所歸，隨生處者，我必生彼。』從是有悔，悔者不善死，無福命終。是謂現法苦陰，因欲緣欲，以欲為本。

「復次，眾生因欲緣欲，以欲為本故，行身惡行，行口、意惡行。彼因身、口、意惡行故，因此緣此，身壞命終必至惡處，生地獄中。是謂後世苦陰，因欲緣欲，以欲為本，是謂欲患。

「云何欲出要？若斷除欲，捨離於欲，滅欲欲盡，度欲出要，是謂欲出要。若有沙門、梵志，欲味、欲患、欲出要不知如真者，彼終不能自斷其欲，況復能斷於他欲耶？若有沙門、梵志，欲味、欲患、欲出要知如真者，彼既自能除，亦能斷他欲。

「云何色味？若剎利女，梵志、居士、工師女，年十四五，彼於爾時美色最妙。若因彼美色，緣彼美色故，生樂生喜，極是色味無復過是，所患甚多。

「云何色患？若見彼姝而於後時極大衰老，頭白齒落，背僂腳戾拄杖而行，盛壯日衰壽命垂盡，身體震動諸根毀熟，於汝等意云何？若本有美色，彼滅生患耶？」

答曰：「如是。」

「復次，若見彼姝疾病著床，或坐臥地，以苦逼身受極重苦，於汝等意云何？若本有美色，彼滅生患耶？」

答曰：「如是。」

「復次，若見彼姝死，或一二日至六七日，烏鵄所啄，豺狼所食，火燒埋地，悉爛腐壞，於汝等意云何？若本有美色，彼滅生患耶？」

答曰：「如是。」

「復次，若見彼姝息道，骸骨青色爛腐，*餘半骨*鏁在地，於汝等意云何？若本有美色，彼滅生患耶？」

答曰：「如是。」

「復次，若見彼姝息道，離皮肉血，唯筋相連，於汝等意云何？若本有美色，彼滅生患耶？」

答曰：「如是。」

「復次，若見彼姝息道，骨節解散，散在諸方，足骨、*腨骨、髀骨、髖骨、脊骨、肩骨、頸骨、髑髏骨，各在異處，於汝等意云何？若本有美色，彼滅生患耶？」

答曰：「如是。」

「復次，若見彼姝息道，骨白如螺，青猶鴿色，赤若血塗，腐壞碎末，於汝等意云何？若本有美色，彼滅生患耶？」

答曰：「如是。」

「是謂色患。云何色出要？若斷除色，捨離於色，滅色色盡，度色出要，是謂色出要。若有沙門、梵志，色味、色患、色出要不知如真者，彼終不能自斷其色，況復能斷於他色耶？若有沙門、梵志，色味、色患、色出要知如真者，彼既自能除，亦能斷他色。

「云何覺味？比丘者，離欲、離惡不善之法，至得第四禪成就遊。彼於爾時不念自害，亦不念害他，若不念害者，是謂覺樂味。所以者何？不念害者，成就是樂，是謂覺味。

「云何覺患？覺者是無常法、苦法、滅法，是謂覺患。

「云何覺出要？若斷除覺，捨離於覺，滅覺覺盡，度覺出要，是謂覺出要。若有沙門、梵志，覺味、覺患、覺出要不知如真者，彼終不能自斷其覺，況復能斷於他覺耶？若有沙門、梵志，覺味、覺患、覺出要知如真者，彼既自能除，亦能斷他覺。」

佛說如是，彼諸比丘聞佛所說，歡喜奉行。

苦陰經第三竟二千一百六十五字

（一〇〇）中阿含因品苦陰經第四第二小土城誦

我聞如是：一時，佛遊釋羈瘦，在加維羅衞尼拘類園。

爾時釋摩訶男中後仿佯往詣佛所，稽首佛足，却坐一面，白曰：

「世尊！我如是知世尊法，令我心中得滅三穢：染心穢、恚心穢、癡心穢。世尊！我如是知此法，然我心中復生染法、恚法、癡法。世尊！我作是念：『我有何法不滅，令我心中復生染法、恚法、癡法耶？』」

世尊告曰：「摩訶男！汝有一法不滅，謂汝住在家，不至信捨家無家學道。摩訶男！若汝滅此一法者，汝必不住在家，必至信捨家無家學道。汝因一法不滅故，住在家，不至信捨家無家學道。」

於是釋摩訶男即從坐起，偏袒著衣，叉手向佛，白世尊曰：「唯願世尊為我說法，令我心淨，除疑得道！」

世尊告曰：「摩訶男！有五欲功德可愛、可念、歡喜，欲相應而使人樂。云何為五？謂眼知色、耳知聲、鼻知香、舌知味、身知觸，由此令王及王眷屬得安樂歡喜。摩訶男！極是欲味無復過是，所患甚多。

「摩訶男！云何欲患？摩訶男！族姓子者，隨其技術以自存活，或作田業、或行治生、或以學書、或明算術、或知工數、或巧刻印、或作文章、或造手筆、或曉經書、或作勇將、或奉事王。彼寒時則寒，熱時則熱，飢渴、疲勞，蚊虻所蜇，作如是業求圖錢財。摩訶男！此族姓子如是方便，作如是行，作如是求，若不得錢財者，便生憂苦、愁慼、懊惱，心則生癡，作如是說：『唐作唐苦！所求無果。』摩訶男！彼族姓子如是方便，作如是行，作如是求，若得錢財者，彼便愛惜守護密藏。所以者何？『我此財物莫令王奪、賊劫、火燒、腐壞、亡失，出財無利，或作諸業而不成就。』彼作如是守護密藏，若使王奪、賊劫、火燒、腐壞、亡失，彼便生憂苦、愁慼、懊惱，心則生癡，作如是說：『若有長夜所可愛念者，彼則亡失。』摩訶男！如是現法苦陰，因欲緣欲，以欲為本。

「摩訶男！復次，衆生因欲緣欲，以欲為本故，母共子諍，子共母諍，父子、兄弟、姉妹、親族展轉共諍。彼既如是共鬪諍已，母說子惡，子說母惡，父子、兄弟、姉妹、親族更相說惡，況復他人！摩訶男！是謂現法苦陰，因欲緣欲，以欲為本。

「摩訶男！復次，衆生因欲緣欲，以欲為本故，王王共諍，梵志梵志共諍，居士居士共諍，民民共諍，國國共諍。彼因鬪諍共相憎故，以種種器仗轉相加害，或以拳扠石擲，或以杖打刀斫。彼當鬪時，或死、或怖，受極重苦。摩訶男！是謂現法苦陰，因欲緣欲，以欲為本。

「摩訶男！復次，衆生因欲緣欲，以欲為本故，著鎧被袍持矟弓箭，或執刀楯，入在軍陣，或以象鬪，或馬、或車、或以步軍、或以男女鬪。彼當鬪時，或死、或怖，受極重苦。摩訶男！是謂現法苦陰，因欲緣欲，以欲為本。

「摩訶男！復次，衆生因欲緣欲，以欲為本故，著鎧被袍持矟弓箭，或執刀楯，往奪他國，攻城破塢共相格戰，打鼓吹角高聲喚呼。或以槌打，或以鉾戟，或以利輪，或以箭射，或亂下石，或以大弩，或以融銅珠子灑之。彼當鬪時，或死、或怖，受極重苦。摩訶男！是謂現法苦陰，因欲緣欲，以欲為本。

「摩訶男！復次，衆生因欲緣欲，以欲為本故，著鎧被袍持矟弓箭，或執刀楯，入村、入邑、入國、入城，穿牆發藏刼奪財物，斷截王路。或至他巷，壞村、害邑，滅國、破城。於中或為王人所捉種種拷治，截手、截足或截手足，截耳、截鼻或截耳鼻，或臠臠割，拔鬚、拔髮或拔鬚髮，或著檻中衣裹火燒，或以沙壅草纏火焫，或內鐵驢腹中，或著鐵猪口中，或置鐵虎口中燒，或安銅釜中，或著鐵釜中煮，或段段截，或利叉刺，或鐵鉤鉤，或臥鐵床以沸油澆，或坐鐵臼以鐵杵擣，或龍蛇蜇，或以鞭鞭，或以杖撾，或以棒打，或生貫高標上，或鼻其首。彼在其中，或死、或怖，受極重苦。摩訶男！是謂現法苦陰，因欲緣欲，以欲為本。

「摩訶男！復次，衆生因欲緣欲，以欲為本故，行身惡行，行口、意惡行，彼於後時疾病著床，或坐、臥地以苦逼身，受極重苦不可愛樂。彼若有身惡行，口、意惡行，彼臨終時在前覆障，猶日將沒，大山崗側影障覆地。如是彼若有身惡行，口、意惡行，在前覆障，彼作是念：『我本惡行在前覆我，我本不作福業，多作惡業。若使有人作惡兇暴，唯為罪，不作福，不行善，無所畏、無所依、無所歸，隨生處者，我必生彼。』從是有悔，悔者不善死，無福命終。摩訶男！是謂現法苦陰，因欲緣欲，以欲為本。

「摩訶男！復次，衆生因欲緣欲，以欲為本故，行身惡行，行口、意惡行。彼因身、口、意惡行故，因此緣此，身壞命終必至惡處，生地獄中。摩訶男！是謂後世苦陰，因欲緣欲，以欲為本。

「摩訶男！是故當知欲一向無樂、無量苦患，多聞聖弟子不見如真者，彼為欲所覆，不得捨樂及無上息。摩訶男！如是彼多聞聖弟子因欲退轉。摩訶男！我知欲無樂、無量苦患，我知如真已，摩訶男！不為欲所覆，亦不為惡所纏，便得捨樂及無上息。摩訶男！是故我不因欲退轉。

「摩訶男！一時我遊王舍城，住鞞哆邏山仙人七葉屋。摩訶男！我於晡時，從宴坐起往至廣山，則於彼中見衆多尼揵，行不坐行，常立不坐，受極重苦。我往問曰：『諸尼揵！汝等何故行此不坐行，常立不坐，受如是苦？』彼如是說：『瞿曇！我有尊師尼揵，名曰親子，彼則教我作如是說：「諸尼揵等！汝若宿命有不善業，因此苦行故，必當得盡。若今身妙行護，口、意妙行護，因緣此故，不復作惡不善之業。」』摩訶男！我復問曰：『諸尼揵！汝等信尊師無有疑耶？』彼復答我：『如是，瞿曇！我等信尊師無有疑惑。』摩訶男！我復問曰：『尼揵！若爾者，汝等尊師尼揵，本重作惡不善之業。彼本作尼揵死，今生人間出家作尼揵，行不坐行，常立不坐，受如是苦，如汝等輩及弟子也。』彼復語我曰：『瞿曇！樂不因樂，要因苦得。如頻鞞娑羅王樂，沙門瞿曇不如也。』

「我復語曰：『汝等癡狂，所說無義。所以者何？汝等不善，無所曉了，而不知時，謂汝作是說：「如頻鞞娑羅王樂，沙門瞿曇不如也。」尼揵！汝等本應如是問：「誰樂勝？為頻鞞娑羅王，為沙門瞿曇耶？」尼揵！若我如是說我樂勝，頻鞞娑羅王不如者，尼揵！汝等可得作是語：「如頻鞞娑羅王樂，沙門瞿曇不如也。」』彼諸尼揵即如是說：『瞿曇！我等今問沙門瞿曇，誰樂勝？為頻鞞娑羅王，為沙門瞿曇耶？』我復語曰：『尼揵！我今問汝，隨所解答。諸尼揵等！於意云何？頻鞞娑羅王可得如意靜默無言，因是七日七夜得歡喜快樂耶？』尼揵答曰：『不也，瞿曇！』『六五四三二，一日一夜得歡喜快樂耶？』尼揵答曰：『不也，瞿曇！』復問曰：『尼揵！我可得如意靜默無言，因是一日一夜得歡喜快樂耶？』尼揵答曰：『如是，瞿曇！』『二三四五六，七日七夜得歡喜快樂耶？』尼揵答曰：『如是，瞿曇，瞿曇！』我復問曰：『諸尼揵等！於意云何？誰樂勝？為頻鞞娑羅王，為是我耶？』尼揵答曰：『瞿曇！如我等受解沙門瞿曇所說，瞿曇樂勝，頻鞞娑羅王不如也。』

「摩訶男！因此故知欲無樂，有無量苦患。若多聞聖弟子不見如真者，彼為欲所覆，惡不善所纏，不得捨樂及無上息。摩訶男！如是彼多聞聖弟子為欲退轉。摩訶男！我知欲無樂，有無量苦患，我知如真已，不為欲所覆，亦不為惡不善法所纏，便得捨樂及無上息。摩訶男！是故我不為欲退轉。」

佛說如是，釋摩訶男及諸比丘聞佛所說，歡喜奉行。

苦陰經第四竟 二千二百五十四字

（一〇一）中阿含因品增上心經第五 第二小土城誦

我聞如是：一時，佛遊舍衛國，在勝林給孤獨園。

爾時世尊告諸比丘：「若比丘欲得增上心者，當以數數念於五相，數念五相已，生不善念即便得滅，惡念滅已，心便常住，在內止息，一意得定。云何為五？比丘者，念相善相應，若生不善念者，彼因此相復更念異相善相應，令不生惡不善之念，彼因此相更念異相善相應已，生不善念即便得滅，惡念滅已，心便常住，在內止息，一意得定。猶木工師、木工弟子，彼持墨繩用*絣於木，則以利斧斫治令直。如是，比丘！因此相復更念異相善相應，令不生惡不善之念；彼因此相更念異相善相應已，生不善念即便得滅；惡念滅已，心便常住，在內止息，一意得定。若比丘欲得增上心者，當以數數念此第一相，念此相已，生不善念即便得滅；惡念滅已，心便常住，在內止息，一意得定。

「復次，比丘念相善相應，若生不善念者，彼觀此念惡有災患，此念不善，此念是惡，此念智者所惡，此念若滿具者，則不得通、不得覺道、不得涅槃，令生惡不善念故。彼如是觀惡已，生不善念即便得滅；惡念滅已，心便常住，在內止息，一意得定。猶人年少端*正可愛，沐浴澡洗著明淨衣，以香塗身修治鬚髮，極令淨潔，或以死蛇、死狗、死人，*餘半青色，膖脹臭爛，不淨流出，繫著彼頸，彼便惡穢，不喜不樂。如是比丘彼觀此念，惡有災患，此念不善，此念是惡，此念智者所惡，此念若滿具者，則不得通、不得覺道、不得涅槃，令生惡不善念故。彼如是觀惡已，生不善念即便得滅；惡念滅已，心便常住，在內止息，一意得定。若比丘欲得增上心者，當以數數念此第二相，念此相已，生不善念即便得滅；惡念滅已，心便常住，在內止息，一意得定。

「復次，比丘念相善相應時生不善念，觀念惡患時復生不善念者，彼比丘不應念此念，令生惡不善念故。彼不念此念已，生不善念即便得滅；惡念滅已，心便常住，在內止息，一意得定。猶有目人，色在光明而不用見，彼或閉目，或身避去，於汝等意云何？色在光明，彼人可得受色相耶？」

答曰：「不也。」

「如是，比丘不應念此念，令生惡不善念故。彼不念此念已，生不善念即便得滅；惡念滅已，心便常住，在內止息，一意得定。若比丘欲得增上心者，當以數數念此第三相，念此相已，生不善念即便得滅；惡念滅已，心便常住，在內止息，一意得定。

「復次，比丘念相善相應時生不善念，觀念惡患時亦生不善念，不念念時復生不善念者，彼比丘為此念，當以思行漸減其念，令不生惡不善之念。彼為此念，當以思行漸滅念已，生不善念即便得滅；惡念滅已，心便常住，在內止息，一意得定。猶人行道進路急速，彼作是念：『我何為速？我今寧可徐徐行耶？』彼即徐行。復作是念：『我何為徐行，寧可住耶？』彼即便住。復作是念：『我何為住？寧可坐耶？』彼即便坐。復作是念：『我何為坐？寧可臥耶？』彼即便臥。如是，彼人漸漸息身麤行。當知比丘亦復如是，彼為此念，當以思行漸滅其念，令不生惡不善之念。彼為此念，當以思行漸滅念已，生不善念即便得滅；惡念滅已，心便常住，在內止息，一意得定。若比丘欲得增上心者，當以數數念此第四相，念此相已，生不善念即便得滅；惡念滅已，心便常住，在內止息，一意得定。

「復次，比丘念相善相應時生不善念，觀念惡患時亦生不善念，不念念時亦生不善念，當以思行漸減念時復生不善念者，彼比丘應如是觀。比丘者，因此念故生不善念，彼比丘便齒齒相著舌逼上齶，以心修心，受持降伏，令不生惡不善之念。彼以心修心，受持降伏已，生不善念即便得滅；惡念滅已，心便常住，在內止息，一意得定。猶二力士捉一羸人，受持降伏。如是比丘齒齒相著舌逼上齶，以心修心，受持降伏，令不生惡不善之念。彼以心修心，受持降伏已，生不善念即便得滅；惡念滅已，心便常住，在內止息，一意得定。若比丘欲得增上心者，當以數數念此第五相，念此相已，生不善念即便得滅；惡念滅已，心便常住，在內止息，一意得定。

「若比丘欲得增上心者，當以數數念此五相，數念五相已，生不善念即便得滅；惡念滅已，心便常住，在內止息，一意得定。若比丘念相善相應時不生惡念，觀念惡患時亦不生惡念，不念念時亦不生惡念，若以思行漸滅念時亦不生惡念，以心修心、受持降伏時亦不生惡念者，便得自在，欲念則念，不念則不念。若比丘欲念則念、不欲念則不念者，是謂比丘隨意諸念，自在諸念跡。」

佛說如是，彼諸比丘聞佛所說，歡喜奉行。

增上心經第五竟千四百五十六字

(一〇二)中阿含因品念經第六第二小土城誦

我聞如是：一時，佛遊舍衞國，在勝林給孤獨園。

爾時世尊告諸比丘：「我本未覺無上正盡覺時，作如是念：『我寧可別諸念作二分，欲念、恚念、害念作一分，無欲念、無恚念、無害念復作一分！』我於後時，便別諸念作二分，欲念、恚念、害念作一分，無欲念、無恚念、無害念復作一分。我如是行，在遠離獨住，心無放逸修行精勤。生欲念，我即覺生欲念，自害、害他、二俱害滅，慧多煩勞不得涅槃；覺自害、害他、二俱害滅，慧多煩勞不得涅槃便速滅。復生恚念、害念，我即覺生恚念、害念，自害、害他、二俱害滅，慧多煩勞不得涅槃；覺自害、害他二俱害滅，慧多煩勞不得涅槃便速滅。我生欲念不受斷除吐，生恚念、害念不受斷除吐。所以者何？我見因此故，必生無量惡不善之法。猶如春後月，以種田故，放牧地則不廣。牧牛兒放牛野澤，牛入他田，牧牛兒即執杖往遮。所以者何？牧牛兒知因此故，必當有罵、有打、有縛、有過失也，是故牧牛兒執杖往遮。我亦如是，生欲念不受斷除吐，生恚念、害念不受斷除吐。所以者何？我見因此故，必生無量惡不善之法。

「比丘者，隨所思、隨所念心便樂中。若比丘多念欲念者，則捨無欲念，以多念欲念故心便樂中。若比丘多念恚念、害念者，則捨無恚念、無害念，以多念恚念、害念故心便樂中。如是比丘不離欲念、不離恚念、不離害念者，則不能脫生老病死、愁憂啼哭，亦復不能離一切苦。我如是行，在遠離獨住，心無放逸修行精勤。生無欲念，我即覺生無欲念，不自害、不害他，亦不俱害，修慧不煩勞而得涅槃。覺不自害、不害他，亦不俱害，修慧不煩勞而得涅槃，便速修習廣布。復生無恚念、無害念，我即覺生無恚念、無害念，不自害、不害他，亦不俱害，修慧不煩勞而得涅槃。覺不自害、不害他，亦不俱害，修慧不煩勞而得涅槃，便速修習廣布。

「我生無欲念、多思念，生無恚念、無害念、多思念。我復作是念：『多思念者，身定憙忘則便損心，我寧可治內心，常住在內止息，一意得定，令不損心！』我於後時便治內心，常住在內止息，一意得定而不損心。我生無欲念已，復生念向法次法；生無恚念、無害念已，復生念向法次法。所以者何？我不見因此生無量惡不善之法。猶如秋後月，收一切穀訖，牧牛兒放牛野田時作是念：『我牛在群中。』所以者何？牧牛兒不見因此故，當得罵詈、得打、得縛、有過失也，是故彼作是念：『我牛在群中。』我亦如是生無欲念已，復生念向法次法；生無恚念、無害念已，復生念向法次法。所以者何？我不見因此生無量惡不善之法。

「比丘者，隨所思、隨所念心便樂中。若比丘多念無欲念者，則捨欲念，以多念無欲念故心便樂中。若比丘多念無恚念、無害念者，則捨恚念、害念，以多念無恚念、無害念故心便樂中。彼覺、觀已息，內靜、一心，無覺、無觀，定生喜、樂，得第二禪成就遊。彼離喜欲，捨無求遊，正念正智而身覺樂，謂聖所說、聖所捨念樂住*定，得第三禪成就遊。彼樂滅、苦滅，喜、憂本已滅，不苦不樂，捨念清淨，得第四禪成就遊。

「彼如是定心清淨，無穢、無煩，柔軟善住得不動心，趣向漏盡通智作證，便知此苦如真，知此苦習、知此苦滅、知此苦滅道如真；亦知此漏如真，知此漏習、知此漏滅、知此漏滅道如真。彼如是知，如是見已，則欲漏心解脫，有漏、無明漏心解脫。解脫已便知解脫：生已盡，梵行已立，所作已辦，不更受有，知如真。此比丘離欲念、離恚念、離害念，則得解脫生老病死、愁憂啼哭，離一切苦。

「猶如一無事處有大泉水，彼有群鹿遊住其中。有一人來，不為彼群鹿求義及饒益、求安隱快樂，塞平正路，開一惡道作大坑壍，使人守視，如是群鹿一切死盡。復有一人來，為彼群鹿求義及饒益、求安隱快樂，開平正路，閉塞惡道，却守視人，如是群鹿普得安濟。比丘！當知我說此喻，欲令知義。慧者聞喻則解其趣，此說有義。大泉水者，謂是五欲愛念歡樂。云何為五？眼知色、耳知聲、鼻知香、舌知味、身知觸。大泉水者，當知是五欲也。大群鹿者，當知是沙門、梵志也。有一人來，不為彼求義及饒益、求安隱快樂者，當知是魔波旬也。塞平正路，開一惡道者，是三惡不善念：欲念、恚念、害念也。惡道者，當知是三惡不善念。復更有惡道，謂八邪道：邪見乃至邪定，是為八。作大坑壍者，當知是無明也。使人守者，當知是魔波旬眷屬也。復有一人來，為彼求義及饒益、求安隱快樂者，當知是如來、無所著、等正覺也。閉塞惡道，開平正路者，是三善念：無欲念、無恚念、無害念也。道者，當知是三善念。復更有道，謂八正道：正見乃至正定，是為八。

「比丘！我為汝等開平正路，閉塞惡道，填平坑壍，除却守人。如尊師所為弟子起大慈哀，憐念愍傷，求義及饒益，求安隱快樂者，我今已作。汝等亦當復自作，至無事處，山林樹下空安靜處，宴坐思惟，勿得放逸，勤加精進，無令後悔。此是我之教勅，是我訓誨。」

佛說如是，彼諸比丘聞佛所說，歡喜奉行。

念經第六竟千五百九十三字

中阿含經卷第二十五七千四百六十八字

中阿含經卷第二十六

東晉罽賓三藏瞿曇僧伽提婆譯

(一〇三)因品師子吼經第七(第二小土城誦)

我聞如是：一時，佛遊拘樓瘦，在劍磨瑟曇拘樓都邑。

爾時世尊告諸比丘：「此中有第一沙門，第二、第三、第四沙門，此外更無沙門、梵志，異道一切空無沙門、梵志。汝等隨在衆中，作如是正師子吼。比丘！或有異學來問汝等：『諸賢！汝有何行？有何力？有何智？令汝等作如是說：「此有第一沙門，第二、第三、第四沙門，此外更無沙門、梵志，異道一切空無沙門、梵志。」汝等隨在衆中，作如是正師子吼？』

「比丘！汝等應如是答異學：『諸賢！我世尊有知有見，如來、無所著、等正覺說四法。因此四法故，令我等作如是說：「此有第一沙門，第二、第三、第四沙門，此外更無沙門、梵志，異道一切空無沙門、梵志。」我等隨在衆中，作如是正師子吼。云何為四？諸賢！我等信尊師，信法，信戒德具足，愛敬同道恭恪奉事。諸賢！我世尊有知有見，如來、無所著、等正覺說此四法。因此四法故，令我等作如是說：「此有第一沙門，第二、第三、第四沙門，此外更無沙門、梵志，異道一切空無沙門、梵志。」我等隨在衆中，作如是正師子吼。』

「比丘！異學或復作是說：『諸賢！我等亦信尊師，謂我尊師也；信法，謂我法也；戒德具足，謂我戒也；愛敬同道恭恪奉事，謂我同道出家及在家者也。諸賢！沙門瞿曇及我等此二種說，有何勝？有何意？有何差別耶？』比丘！汝等應如是問異學：『諸賢！為一究竟？為衆多究竟耶？』比丘！若異學如是答：『諸賢！有一究竟，無衆多究竟。』比丘！汝等復問異學：『諸賢！為有欲者得究竟是耶？為無欲者得究竟是耶？』比丘！若異學如是答：『無欲者得究竟是，非有欲者得究竟是。』比丘！汝等復問異學：『諸賢！為有恚者得究竟是耶？為無恚者得究竟是耶？』比丘！若異學如是答：『無恚者得究竟是，非有恚者得究竟是。』比丘！汝等復問異學：『諸賢！為有癡者得究竟是耶？為無癡者得究竟是耶？』比丘！若異學如是答：『諸賢！無癡者得究竟是，非有癡者得究竟是。』

「比丘！汝等復問異學：『諸賢！為有愛、有受者得究竟是耶？為無愛、無受者得究竟是耶？』比丘！若異學如是答：『諸賢！無愛、無受者得究竟是，非有愛、有受者得究竟是。』比丘！汝等復問異學：『諸賢！為無慧、不說慧者得究竟是耶？為有慧、說慧者得究竟是耶？』比丘！若異學如是答：『諸賢！有慧、說慧者得究竟是，非無慧、不說慧者得究竟是。』比丘！汝等復問異學：『諸賢！為有憎、有諍者得究竟是耶？為無憎、無諍者得究竟是耶？』比丘！若異學如是答：『諸賢！無憎、無諍者得究竟是，非有憎、有諍者得究竟是。』

「比丘！汝等為異學應如是說：『諸賢！是為如汝等說有一究竟是，非衆多究竟是。無欲者得究竟是，非有欲者得究竟是。無恚者得究竟是，非有恚者得究竟是。無癡者得究竟是，非有癡者得究竟是。無愛、無受者得究竟是，非有愛、有受者得究竟是。有慧、說慧者得究竟是，非無慧、不說慧者得究竟是。無憎、無諍者得究竟是，非有憎、有諍者得究竟是。若有沙門、梵志依無量見，彼一切依猗二見，有見及無見也。若依有見者，彼便著有見，依猗有見，猗住有見，憎諍無見。若依無見者，彼便著無見，依猗無見，猗住無見，憎諍有見。

「『若有沙門、梵志不知因、不知習、不知滅、不知盡、不知味、不知患、不知出要如真者，彼一切有欲、⊙有恚、有癡、有愛、有受、無慧、非說慧、有憎、有諍，彼則不離生老病死，亦不能脫愁慼啼哭、憂苦懊惱，不得苦邊。若有沙門、梵志於此⊙二見，知因、知習、知滅、知盡、知味、知患、知出要如真者，彼一切無欲、無恚、無癡、無愛、無受、有慧、說慧、無憎、無諍，彼則得離生老病死，亦能得脫愁慼啼哭、憂苦懊惱，則得苦邊。

「『或有沙門、梵志施設斷受，然不施設斷一切受；施設斷欲受，不施設斷戒受、見受、我受。所以者何？彼沙門、梵志不知三處如真，是故彼雖施設斷受，然不施設斷一切受。復有沙門、梵志施設斷受，然不施設斷一切受；施設斷欲受、戒受，不施設斷見受、我受。

所以者何？彼沙門、梵志不知二處如真，是故彼雖施設斷受，然不施設斷一切受。復有沙門、梵志施設斷受，然不施設斷一切受；施設斷欲受、戒受、見受，不施設斷我受。所以者何？彼沙門、梵志不知一處如真，是故彼雖施設斷受，然不施設斷一切受。如是法律，若信尊師者，彼非正、非第一；若信法者，亦非正、非第一；若具足戒德者，亦非正、非第一；若愛敬同道恭恪奉事者，亦非正、非第一。

「『若有如來出世，無所著、等正覺、明行成為、善逝、世間解、無上士、道法御、天人師、號佛、衆祐，彼施設斷受，於現法中施設斷一切受，施設斷欲受、戒受、見受、我受。此四受何因？何習？從何而生？以何為本？此四受因無明，習無明，從無明生，以無明為本。若有比丘無明已盡，明已生者，彼便從是不復更受欲受、戒受、見受、我受。彼不受已則不恐怖，不恐怖已便斷因緣，必般涅槃：生已盡，梵行已立，所作已*辦，不更受有，知如真知。是正法律，若信尊師者，是正、是第一；若信法者，是正、是第一；若戒德具足者，是正、是第一；若愛敬同道恭恪奉事者，是正、是第一。諸賢！我等有是行，有是力，有是智，因此故令我等作如是說：「此有第一沙門，第二、第三、第四沙門，此外更無沙門、梵志，異道一切空無沙門、梵志。」以是故，我等隨在衆中，作如是正師子吼。』」

佛說如是，彼諸比丘聞佛所說，歡喜奉行。

師子吼經第七竟一千六百九十字

（一〇四）中阿含因品優曇婆邏經第八（第二小土城誦）

我聞如是：一時，佛遊王舍城，在竹林伽蘭哆園。

爾時有一居士，名曰實意，彼於平旦從王舍城出，欲往詣佛，供養禮事。於是實意居*士作如是念：「且置詣佛，世尊或能宴坐及諸尊比丘，我寧可往優婆邏林詣異學園。」

於是實意居士即往優曇婆邏林詣異學園。

彼時優曇婆邏林異學園中，有一異學名曰無恚，在彼中尊為異學師，衆人所敬，多所降伏，為五百異學之所推宗。在衆調亂，音聲高大，說種種鳥論、語論、王論、賊論、鬪諍論、飲食論、衣被論、婦女論、童女論、婬女論、世俗論、非道論、海論、國論，如是比說種種鳥論，皆集在彼坐。於是異學無恚遙見實意居士來，即勅己眾，皆令嘿然：「諸賢！汝等莫語！嘿然！樂嘿然，各自斂攝。所以者何？實意居士來，是沙門瞿曇弟子。若有沙門瞿曇弟子名德高遠，所可宗重，在家住止，居王舍城者，彼為第一，彼不語，樂嘿然，自收斂。若彼知此眾嘿然住者，彼或能來。」

於是異學無恚令眾嘿然，自亦嘿然。

於是實意居士往詣異學無恚所，共相問訊，却坐一面。實意居士語曰：「無恚！我佛世尊若在無事處山林樹下，或住高巖，寂無音聲，遠離無惡，無有人民，隨順宴坐。是佛世尊如斯之比，在無事處山林樹下，或住高巖，寂無音聲，遠離無惡，無有人民，隨順宴坐。彼在遠離處常樂宴坐，安隱快樂。彼佛世尊初不一日一夜共聚集會，如汝今日及眷屬也。」

於是異學無恚語曰：「居士！止！止！汝何由得知？沙門瞿曇空慧解脫，此不足說，或相應或不相應，或順或不順。彼沙門瞿曇行邊至邊，樂邊至邊，住邊至邊，猶如瞎牛在邊地食，行邊至邊，樂邊至邊，住邊至邊，彼沙門瞿曇亦復如是。居士！若彼沙門瞿曇來此衆者，我以一論滅彼，如弄空瓶，亦當為彼說瞎牛喻。」

於是異學無恚告己衆曰：「諸賢！沙門瞿曇儻至此衆，若必來者，汝等莫敬，從坐而起，叉手向彼，莫請令坐，豫留一座，彼到此已，作如是語：『瞿曇！有座，欲坐隨意。』」

爾時世尊在於宴坐，以淨天耳出過於人，聞實意居士與異學無恚共論如是，則於晡時從宴坐起，往詣優曇婆邏林異學園中。異學無恚遙見世尊來，即從坐起，偏袒著衣，叉手向佛，讚曰：「善來！沙門瞿曇！久不來此，願坐此座。」

彼時世尊作如是念：「此愚癡人，自違其要。」

世尊知已，即坐其床。異學無恚便與世尊共相問訊，却坐一面。世尊問曰：「無恚！向與實意居士共論何事？以何等故集在此坐？」

異學無恚答曰：「瞿曇！我等作是念：『沙門瞿曇有何等法？調教訓弟子，弟子受教訓已，令得安隱，盡其形壽淨修梵行，及為他說。』瞿曇！向與實意居士共論如是，以是之故，集在此坐。」

實意居士聞彼語已，便作是念：「此異學無恚，異哉妄語！所以者何？在佛面前欺誑世尊。」

世尊知已，語曰：「無恚！我法甚深！甚奇！甚特！難覺難知，難見難得，調我教訓弟子，弟子受教訓已，盡其形壽淨修梵行，亦為他說。無恚！若汝師宗所可不了憎惡行者，汝以問我，我必能答，令可汝意。」

於是調亂異學衆等同音共唱，高大聲曰：「沙門瞿曇！甚奇！甚特！有大如意足，有大威德，有大福祐，有大威神。所以者何？乃能自捨己宗，而以他宗，隨人所問。」

於是異學無恚自勅己衆，令嘿然已，問曰：「瞿曇！不了可憎行，云何得具足？云何不得具足？」

於是世尊答曰：「無恚！或有沙門、梵志，裸形無衣，或以手為衣，或以葉為衣，或以珠為衣。或不以瓶取水，或不以櫆取水。不食刀杖劫抄之食，不食欺妄食。不自往，不遣信。不求來尊，不善尊，不住尊。若有二人食，不在中食。不懷妊家食，不畜狗家食，設使家有糞蠅飛來而不食。不噉魚，不食肉，不飲酒，不飲惡水。或都無所飲，學無飲行。或噉一口，以一口為足。或二、三、四乃至七口，以七口為足。或食一得，以一得為足。或二、三、四、乃至七得，以七得為足。或日一食，以一食為足。或二、三、四、五、六、七日、半月、一月一食，以一食為足。或食菜茹，或食稗子，或食穄米，或食雜䵃，或食頭頭邏食，或食麤食。或至無事處，依於無事。或食根，或食果，或食自落果。或持連合衣，或持毛衣，或持頭舍衣。或持毛頭舍衣，或持全皮，或持穿皮，或持全穿皮。或持散髮，或持編髮，或持散編髮。或有剃髮，或有剃鬚，或剃鬚髮。或有拔髮，或有拔鬚，或拔鬚髮。或住立斷坐，或修蹲行。或有臥刺，以刺為床。或有臥果，以果為床。或有事水，晝夜手抒。或有事火，竟*宿然之。或事日月尊祐大德，叉手向彼。如此之比，受無量苦，學煩熱行。無恚！於意云何？不了可憎行如是，為具足？為不具足？」

異學無恚答曰：「瞿曇！如是不了可憎行為具足，非不具足。」

世尊復語曰：「無恚！我為汝說此不了可憎具足行，為無量穢所污。」

異學無恚問曰：「瞿曇！云何為我說此不了可憎具足行，為無量穢所污耶？」

世尊答曰：「無恚！或有一清苦行苦行，因此清苦行苦行惡欲、念欲。無恚！若有一清苦行苦行，因此清苦行苦行，惡欲念欲者，是謂，無恚！行苦行者穢。

「復次，無恚！或有一清苦行苦行，因此清苦行苦行，仰視日光吸服日氣。無恚！若有一清苦行苦行，因此清苦行苦行，仰視日光吸服日氣者，是謂，無恚！行苦行者穢。

「復次，無恚！或有一清苦行苦行，因此清苦行苦行而自貢高，得清苦行苦行已，心便繫著。無恚！若有一清苦行苦行，因此清苦行苦行而自貢高，得清苦行苦行已，心便繫著者，是謂，無恚！行苦行者穢。

「復次，無恚！或有一清苦行苦行，因此清苦行苦行自貴賤他。無恚！若有一清苦行苦行，因此清苦行苦行自貴賤他者，是謂，無恚！行苦行者穢。

「復次，無恚！或時一清苦行苦行，因此清苦行苦行，往至家家而自稱說：『我行清苦，我行甚難！』無恚！若有一清苦行苦行，因此清苦行苦行，往至家家而自稱說：我行清苦，我行甚難者，是謂，無恚！行苦行者穢。

「復次，無恚！或有一清苦行苦行，因此清苦行苦行，若見沙門、梵志為他所敬重、供養、禮事者，便起嫉妬言：何為敬重、供養、禮事彼沙門、梵志？應敬重、供養、禮事於我，所以者何？我行苦行。』無恚！若有一清苦行苦行，因此清苦行苦行，若見沙門、梵志為他所敬重、供養、禮事者，便起嫉妬言：何為敬重、供養、禮事彼沙門、梵志？應敬重、供養、禮事於我，所以者何？我行苦行者，是謂，無恚！行苦行者穢。

「復次，無恚！或有一清苦行苦行，因此清苦行苦行，若見沙門、梵志為他所敬重、供養、禮事者，便面訶此沙門、梵志言：『何為子、節種子、種子為五，猶如暴雨，多所傷害五穀種子，嬈亂畜生及於人民，如是彼沙門、梵志數入他家，亦復如是。』無恚！若有一清苦行苦行，因此清苦行苦行，若見沙門、梵志為他所敬重、供養、禮事者，便面訶此沙門、梵志言：何為敬重、供養、禮事？汝多欲、多求、常食，食根種子、樹種子、果種子、節種子、種子為五，猶如暴雨，多所傷害五穀種子，嬈亂畜生及於人民，如是彼沙門、梵志數入他家，亦復如是者，是謂，無恚！行苦行者穢。

「復次，無恚！或有一清苦行苦行，因此清苦行苦行，有愁癡恐怖、恐懼密行、疑恐失名、增伺放逸。無恚！若有一清苦行苦行，因此清苦行苦行，有愁癡恐怖、恐懼密行、疑恐失名、增伺放逸者，是謂，無恚！行苦行者穢。

「復次，無恚！或有一清苦行苦行，因此清苦行苦行，生身見、邊見、邪見、見取，難為、意無節限，為諸沙門、梵志可通法而不通。無恚！若有一清苦行苦行，因此清苦行苦行，生身見、邊見、邪見、見取、難為，意無節限，為沙門、梵志可通法而不通者，是謂，無恚！行苦行者穢。

「復次，無恚！或有一清苦行苦行，因此清苦行苦行，瞋纏、不語結、慳嫉、諛諂欺誑、無慚無愧。無恚！若有一清苦行苦行，因此清苦行苦行，瞋纏、不語結、慳嫉、諛諂欺誑、無慚無愧者，是謂，無恚！行苦行者穢。

「復次，無恚！或有一清苦行苦行，因此清苦行苦行，妄言、兩舌、麤言、綺語、具惡戒。無恚！若有一清苦行苦行，因此清苦行苦行，妄言、兩舌、麤言、綺語、具惡戒者，是謂，無恚！行苦行者穢。

「復◎次，無恚！或有一清苦行苦行，因此清苦行苦行，不信、懈怠、無正念正智、有惡慧。無恚！若有一清苦行苦行，因此清苦行苦行，不信、懈怠、無正念正智、有惡慧者，是謂，無恚！行苦行者穢。

「無恚！我不為汝說此不了可憎具足行，無量穢所污耶？」

異學無恚答曰：「如是，瞿曇為我說此不了可憎具足行，無量穢所污。」

「無恚！我復為汝說此不了可憎具足行，不為無量穢所污。」

異學無恚復問曰：「云何瞿曇為我說此不了可憎具足行，不為無量穢所污耶？」

世尊答曰：「無恚！或有一清苦行苦行，因此清苦行苦行，不惡欲、不念欲。無恚！若有一清苦行苦行，因此清苦行苦行，不惡欲、不念欲者，是謂，無恚！行苦行者無穢。

「復次，無恚！或有一清苦行苦行，因此清苦行苦行，不視日光不服日氣。無恚！若有一清苦行苦行，因此清苦行苦行，不視日光不服日氣者，是謂，無恚！行苦行者無穢。

「復次，無恚！或有一清苦行苦行，因此清苦行苦行而不貢高，得清苦行苦行已，心不繫著。無恚！若有一清苦行苦行，因此清苦行苦行而不貢高，得清苦行苦行已，心不繫著者，是謂，無恚！行苦行者無穢。

「復次，無恚！或有一清苦行苦行，因此清苦行苦行，不自貴、不賤他。無恚！若一清苦行苦行，因此清苦行苦行，不自貴、不賤他者，是謂，無恚！行苦行者無穢。

「復次，無恚！若有一清苦行苦行，因此清苦行苦行，不至家家而自稱說：『我行清苦行，我行甚難！』無恚！若有一清苦行苦行，因此清苦行苦行，不至家家而自稱說：我行清苦行，我行甚難者，是謂，無恚！行苦行者無穢。

「復次，無恚！或有一清苦行苦行，因此清苦行苦行，若見沙門、梵志為他所敬重、供養、禮事者，不起嫉妬言：『何為敬重、供養、禮事彼沙門、梵志？應敬重、供養、禮事於我。所以者何？我行苦行。』無恚！若有一清苦行苦行，因此清苦行苦行，若見沙門、梵志為他所敬重、供養、禮事者，不起嫉妬言：何為敬重、供養，禮事彼沙門、梵志，應敬重、供養、禮事於我。所以者何？我行苦行者，是謂，無恚！行苦行者無穢。

「復次，無恚！或有一清苦行苦行，因此清苦行苦行，若見沙門、梵志為他所敬重、供養、禮事者，不面訶此沙門、梵志言：『何為敬重、供養、禮事？汝多欲、多求、常食，食根種子、樹種子、果種子、節種子、種子種子為五，猶如暴雨，多所傷害五穀種子，嬈亂畜生及於人民，如是彼沙門、梵志數入他家，亦復如是。』無恚！若有一清苦行苦行，因此清苦行苦行，若見沙門、梵志為他所敬重、供養、禮事者，不面訶此沙門、梵志言：何為敬重、供養、禮事？汝多欲、多求、常食，食根種子、樹種子、果種子、節種子、種子種子為五，猶如暴雨，多所傷害五穀種子，嬈亂畜生及於人民，如是彼沙門、梵志數入他家，亦復如是者，是謂，無恚！行苦行者無穢。

「復次，無恚！或有一清苦行苦行，因此清苦行苦行，不愁癡恐怖，不恐懼密行，不疑恐失名，不增伺放逸。無恚！若有一清苦行苦行，因此清苦行苦行，不愁癡恐怖，不恐懼密行，不疑恐失名，不增伺放逸者，是謂，無恚！行苦行者無穢。

「復次，無恚！或有一清苦行苦行，因此清苦行苦行，不生身見、邊見、邪見、見取，不難為、意無節限，為諸沙門、梵志可通法而通。無恚！若有一清苦行苦行，因此清苦行苦行，不生身見、邊見、邪見、見取，不難為、意無節限，為諸沙門、梵志可通法而通者，是謂，無恚！行苦行者無穢。

「復次，無恚！或有一清苦行苦行因此清苦行苦行，無瞋纏、不語結、慳嫉、諛諂欺誑、無慙無愧。無恚！若有一清苦行苦行，因此清苦行苦行無瞋纏、不語結、慳嫉、諛諂欺誑、無慙無愧者，是謂，無恚！行苦行者無穢。

「復次，無恚！或有一清苦行苦行，因此清苦行苦行不妄言、兩舌、麤言、綺語、不具惡戒。無恚！若有一清苦行苦行，因此清苦行苦行不妄言、兩舌、麤言、綺語、不具惡戒者，是謂，無恚！行苦行者無穢。

「復次，無恚！或有一清苦行苦行，因此清苦行苦行，無不信、懈怠，有正念正智，無有惡慧。無恚！若有一清苦行苦行，因此清苦行苦行無不信、懈怠，有正念正智，無惡慧者，是謂，無恚！行苦行者無穢。

「無恚！我不為汝說此不了可憎具足行，不為無量穢所汚耶？」

異學無恚答曰：「如是，瞿曇為我說此不了可憎具足行，不為無量穢所污。」

異學無恚問曰：「瞿曇！此不了可憎行，是得第一、得真實耶？」

世尊答曰：「無恚！此不了可憎行，不得第一，不得真實，然有二種：得皮、得節。」

異學無恚復問曰：「瞿曇！云何此不了可憎行得表皮耶？」

世尊答曰：「無恚！此或有一沙門梵志行四行：不殺生、不教殺、不同殺，不偷、不教偷、不同偷，不取他女、不教取他女、不同取他女，不妄言、不教妄言、不同妄言，彼行此四行，樂而不進，心與慈俱，遍滿一方成就遊。如是二三四方、四維上下，普周一切，心與慈俱，無結無怨、無恚無諍，極廣甚大，無量善修，遍滿一切世間成就遊。如是悲、喜，心與捨俱，無結無怨，無恚無諍，極廣甚大，無量善修，遍滿一切世間成就遊。無恚！於意云何？如是此不了可憎行得表皮耶？」

無恚答曰：「瞿曇！如是此不了可憎行得表皮也。瞿曇！云何此不了可憎行得節耶？」

世尊答曰：「無恚！或有一沙門梵志行四行：不殺生、不教殺、不同殺，不偷、不教偷、不同偷，不取他女、不教取他女、不同取他女，不妄言、不教妄言、不同妄言，彼行此四行，樂而不進，彼有行有相貌，憶本無量昔所經歷，或一生、二生、百生、千生、成劫、敗劫、無量成敗劫，彼衆生名某，彼昔更歷，我曾生彼，如是姓、如是字、如是生、如是飲食、如是受苦樂、如是長壽、如是久住、如是壽命訖。此死生彼，彼死生此，我生在此如是姓、如是字、如是生、如是飲食、如是受苦樂、如是長壽、如是久住、如是壽命訖。無恚！於意云何？如是此不了可憎行得節耶？」

無恚答曰：「瞿曇！如是此不了可憎行得節也。瞿曇！云何此不了可憎行得第一、得真實耶？」

世尊答曰：「無恚！或有一沙門梵志行四行：不殺生、不教殺、不同殺，不偷、不教偷、不同偷，不取他女、不教取他女、不同取他女，不妄言、不教妄言、不同妄言，彼行此四行，樂而不進，彼以清淨天眼出過於人，見此衆生死時生時，好色惡色，妙與不妙，往來善處及不善處，隨此衆生之所作業，見其如真。若此衆生成就身惡行，口、意惡行，誹謗聖人，邪見成就邪見業，彼因緣此，身壞命終必至惡處，生地獄中。若此衆生成就身妙行，口、意妙行，不誹謗聖人，正見成就正見業，彼因緣此，身壞命終必昇善處，乃生天上。無恚！於意云何？如是此不了可憎行得第一、得真實耶？」

無恚答曰：「瞿曇！如是此不了可憎行得第一、得真實也。瞿曇！云何此不了可憎行作證故，沙門瞿曇弟子依沙門行梵行耶？」

世尊答曰：「無恚！非因此不了可憎行作證故，我弟子依我行梵行也。無恚！更有異，最上、最妙、最勝為彼證故，我弟子依我行梵行。」

於是調亂異學衆等發高大聲：「如是！如是！為彼證故，沙門瞿曇弟子依沙門瞿曇行梵行。」

於是異學無恚自勅己衆，令默然已，白曰：「瞿曇！何者更有異，最上、最妙、最勝為彼證故，沙門瞿曇弟子依沙門瞿曇行梵行耶？」

於是世尊答曰：「無恚！若如來、無所著、等正覺、明行成為、善逝、世間解、無上士、道法御、天人師、號佛、衆祐，出於世間，彼捨五蓋、心穢、慧羸，離欲、離惡不善之法至得第四禪成就遊。彼已如是定心清淨無穢無煩，柔軟善住得不動心，趣向漏盡智通作證。彼知此苦如真，知此苦習、知此苦滅、知此苦滅道如真；亦知此漏，知此漏習、知此漏滅，知此漏滅道如真。彼如是知、如是見，欲漏心解脫，有漏、無明漏心解脫。解脫已，便知解脫：生已盡，梵行已立，所作已辦，不更受有，知如真。無恚！是謂更有異，最上、最妙、最勝為彼證故，我弟子依我行梵行。」

於是實意居士語曰：「無恚！世尊在此，汝今可以一論滅，如弄空瓶，說如瞎牛在邊地食。」

世尊聞已，語異學無恚曰：「汝實如是說耶？」

異學無恚答曰：「實如是，瞿曇！」

世尊復問曰：「無恚！汝頗曾從長老舊學所聞如是：過去如來、無所著、等正覺，若有無事處山林樹下，或住高巖，寂無音聲，遠離無惡，無有人民，隨順宴坐。諸佛世尊在無事處山林樹下，或住高巖，寂無音聲，遠離無惡，無有人民，隨順宴坐，彼在遠離處常樂宴坐，安隱快樂，彼初不一日一夜共聚集會，如汝今日及眷屬耶？」

異學無恚答曰：「瞿曇！我曾從長老舊學所聞如是：過去如來、無所著、等正覺，若有無事處山林樹下，或有高巖，寂無音聲，遠離無惡，無有人民，隨順宴坐。諸佛世尊在無事處山林樹下，或住高巖，寂無音聲，遠離無惡，無有人民，隨順宴坐，彼在遠離處常樂宴坐，安隱快樂，初不一日一夜共聚集會，如我今日及眷屬也。」

「無恚！汝不作是念：如彼世尊在無事處山林樹下，或住高巖，寂無音聲，遠離無惡，無有人民，隨順宴坐，彼在遠離處常樂宴坐，安隱快樂，彼沙門瞿曇學正覺道耶？」

異學無恚答曰：「瞿曇！我若知者，何由當復作如是說：一論便滅，如弄空瓶，說瞎牛在邊地食耶？」

世尊語曰：「無恚！我今有法善善相應，彼彼解脫句，能以作證，如來以此自稱無畏。諸比丘我弟子來，無諛諂、不欺誑，質直無虛，我訓隨教已，必得究竟智。無恚！若汝作是念：『沙門瞿曇貪師故說法。』汝莫作是念！以師還汝，我其為汝說法。無恚！若汝作是念：『沙門瞿曇貪弟子故說法。』汝莫作是念！弟子還汝，我其為汝說法。無恚！若汝作是念：『沙門瞿曇貪供養故說法。』汝莫作是念！供養還汝，我其為汝說法。無恚！若汝作是念：『沙門瞿曇貪稱譽故說法。』汝莫作是念！稱譽還汝，我其為汝說法。無恚！若汝作是念：我若有法善善相應，彼彼解脫句，能以作證，彼沙門瞿曇奪我滅我者，汝莫作是念！以法還汝，我其為汝說法。」

於是大衆默然而住，所以者何？彼為魔王所制持故。彼時世尊告實意居士曰：「汝看此大衆默然而住。所以者何？彼為魔王所制持故，彼令異學衆無有一異學作是念：『我試於沙門瞿曇所修行梵行。』」

世尊知已，為實意居士說法，勸發渴仰，成就歡喜。無量方便為彼說法，勸發渴仰，成就歡喜已，即從坐起，便接實意居士臂，以神足飛乘虛而去。

佛說如是，實意居士聞佛所說，歡喜奉行。

優曇婆邏經第八竟五千八百九十八字

（一〇五）中阿含因品願經第九第二小土城誦

我聞如是：一時，佛遊舍衛國，在勝林給孤獨園。

爾時有一比丘在遠離獨*住，閑居靜處，宴坐思惟，心作是念：「世尊慰勞共我語言，為我說法，得具足戒而不廢禪，成就觀行於空靜處。」

於是比丘作是念已，則於晡時從宴坐起，往詣佛所。

世尊遙見彼比丘來，因彼比丘故，告諸比丘：「汝等當願世尊慰勞共我語言，為我說法，得具足戒而不廢禪，成就觀行於空靜處。比丘！當願我有親族，令彼因我身壞命終必昇善處，乃生天上，得具足戒而不廢禪，成就觀行於空靜處。比丘！當願諸施我衣被、飲食、床榻、湯藥、諸生活具，令彼此施有大功德，有大光明，獲大果報，得具足戒而不廢禪，成就觀行於空靜處。

「比丘！當願我能忍飢渴、寒熱、蚊虻、蠅蚤、風日所逼，惡聲、捶杖亦能忍之，身遇諸疾，極為苦痛至命欲絕，諸不可樂皆能堪耐，得具足戒而不廢禪，成就觀行於空靜處。比丘！當願我堪耐不樂，若生不樂心終不著，得具足戒而不廢禪，成就觀行於空靜處。比丘！當願我堪耐恐怖，若生恐怖心終不著，得具足戒而不廢禪，成就觀行於空靜處。比丘！當願我若生三惡不善之念：欲念、恚念、害念，為此三惡不善之念，心終不著，得具足戒而不廢禪，成就觀行於空靜處。

「比丘！當願我離欲、離惡不善之法至得第四禪成就遊，得具足戒而不廢禪，成就觀行於空靜處。比丘！當願我三結已盡得須陀洹，不墮惡法定趣正覺，極受七有，天上人間七往來已，便得苦邊，得具足戒而不廢禪，成就觀行於空靜處。比丘！當願我三結已盡，婬怒癡薄，得一往來天上人間，一往來已，便得苦邊，得具足戒而不廢禪，成就觀行於空靜處。比丘！當願我五下分結盡，生於彼間，便般涅槃，得不退法，不還此世，得具足戒而不廢禪，成就觀行於空靜處。

「比丘！當願我息解脫，離色得無色，如其像定，身作證成就遊，以慧而觀斷漏、知漏，得具足戒而不廢禪，成就觀行於空靜處。比丘！當願我如意足、天耳智、他心智、宿命智、生死智，諸漏已盡而得無漏，心解脫慧解脫，於現法中自知自覺，自作證成就遊：生已盡，梵行已立，所作已辦，不更受有，知如真，得具足戒而不廢禪，成就觀行於空靜處。」

於是彼比丘聞佛所說，善受善持，即從坐起，稽首佛足，繞三匝而去。彼比丘受佛此教，閑居靜處，宴坐思惟，修行精勤心無放逸。因閑居靜處，宴坐思惟，修行精勤心無放逸故，若族姓子所為剃除鬚髮，著袈裟衣，至信捨家無家學道者，唯無上梵行訖，於現法中自知自覺，自作證成就遊：生已盡，梵行已立，所作已辦，不更受有，知如真。彼尊者知法已，至得阿羅訶。

佛說如是，彼諸比丘聞佛所說，歡喜奉行。

願經第九竟八百六十五字

(一〇六)中阿含因品想經第十第二小土城誦

我聞如是：一時，佛遊舍衛國，在勝林給孤獨園。

爾時世尊告諸比丘：「若有沙門、梵志於地有地想：『地即是神，地是神所，神是地所。』彼計地即是神已，便不知地。如是水、火、風、神、天、生主、梵天、無煩、無熱，彼於淨有淨想：『淨即是神，淨是神所，神是淨所。』彼計淨即是神已，便不知淨。無量空處、無量識處、無所有處、非有想非無想處、一、別、若干、見、聞、識、知、得觀意所念、意所思，從此世至彼世，從彼世至此世，彼於一切有一切想：『一切即是神，一切是神所，神是一切所。』彼計一切即是神已，便不知一切。

「若有沙門、梵志於地則知地，地非是神，地非神所，神非地所。彼不計地即是神已，彼便知地。如是水、火、風、神、天、生主、梵天、無煩、無熱，彼於淨則知淨，淨非是神，淨非神所，神非淨所。彼不計淨即是神已，彼便知淨。無量空處、無量識處、無所有處、非有想非無想處、一、別、若干、見、聞、識、知、得觀意所念、意所思，從此世至彼世，從彼世至此世，彼於一切則知一切，一切非是神，一切非神所，神非一切所。彼不計一切即是神已，彼便知一切。

「我於地則知地，地非是神，地非神所，神非地所。我不計地即是神已，我便知地。如是水、火、風、神、天、生主、梵天、無煩、無熱，我於淨則知淨，淨非是神，淨非神所，神非淨所。我不計淨即是神已，我便知淨。無量空處、無量識處、無所有處、非有想非無想處、一、別、若干、見、聞、識、知、得觀意所念、意所思，從此世至彼世，從彼世至此世，我於一切則知一切，一切非是神，一切非神所，神非一切所。我不計一切即是神已，我便知一切。」

佛說如是，彼諸比丘聞佛所說，歡喜奉行。

想經第十竟五百二十六字

中阿含經卷第二十六八千九百七十九字

中阿含因品第四竟二萬五千五十六字

中阿含經卷第二十七

東晉罽賓三藏瞿曇僧伽提婆譯

林品第五 有十經　第二小土城誦

二林、觀心二，達、奴波、法本，優陀羅、蜜丸，瞿曇彌在後。

（一〇七）中阿含林品林經第一

我聞如是：一時，佛遊舍衛國，在勝林給孤獨園。

爾時世尊告諸比丘：「比丘者，依一林住：我依此林住，或無正念便得正念，其心不定而得定心，若不解脫便得解脫，諸漏不盡而得漏盡，不得無上安隱涅槃則得涅槃；學道者所須衣被、飲食、床榻、湯藥、諸生活具，彼一切求索易不難得。彼比丘依此林住，依此林住已，若無正念不得正念，其心不定不得定心，若不解脫不得解脫，諸漏不盡不得漏盡，不得無上安隱涅槃然不得涅槃；學道者所須衣被、飲食、床榻、湯藥、諸生活具，彼一切求索易不難得。彼比丘應作是觀：我出家學道，不為衣被故，不為飲食、床榻、湯藥故，亦不為諸生活具故，然我依此林住，或無正念不得正念，其心不定不得定心，若不解脫不得解脫，諸漏不盡不得漏盡，不得無上安隱涅槃然不得涅槃；學道者所須衣被、飲食、床榻、湯藥、諸生活具，彼一切求索易不難得。彼比丘如是觀已，可捨此林去。

「比丘者，依一林住：我依此林住，或無正念便得正念，其心不定而得定心，若不解脫便得解脫，諸漏不盡而得漏盡，不得無上安隱涅槃則得涅槃；學道者所須衣被、飲食、床榻、湯藥、諸生活具，彼一切求索易不難得。彼比丘依此林住，依此林住已，或無正念便得正念，其心不定而得定心，若不得解脫便得解脫，諸漏不盡而得漏盡，不得無上安隱涅槃則得涅槃；學道者所須衣被、飲食、床榻、湯藥、諸生活具，彼一切求索甚難可得。彼比丘應作是觀：我出家學道，不為衣被故，不為飲食、床榻、湯藥故，亦不為諸生活具故，然依此林住，或無正念便得正念，其心不定而得定心，若不解脫便得解脫，諸漏不盡而得漏盡，不得無上安隱涅槃則得涅槃；學道者所須衣被、飲食、床榻、湯藥、諸生活具，彼一切求索甚難可得。彼比丘如是觀已，可住此林。

「比丘者，依一林住：我依此林住，或無正念便得正念，其心不定而得定心，若不解脫便得解脫，諸漏不盡而得漏盡，不得無上安隱涅槃則得涅槃；學道者所須衣被、飲食、床榻、湯藥、諸生活具，彼一切求索易不難得。彼比丘依此林住，依此林住已，或無正念不得正念，其心不定不得定心，若不解脫不得解脫，諸漏不盡不得漏盡，不得無上安隱涅槃然不得涅槃；學道者所須衣被、飲食、床榻、湯藥、諸生活具，彼一切求索甚難可得。彼比丘應作是觀：我依此林住，或無正念不得正念，其心不定不得定心，若不解脫不得解脫，諸漏不盡不得漏盡，不得無上安隱涅槃然不得涅槃；學道者所須衣被、飲食、床榻、湯藥、諸生活具，彼一切求索甚難可得。彼比丘如是觀已，即捨此林，夜半而去，莫與彼別。

「比丘者，依一林住：我依此林住，或無正念便得正念，其心不定而得定心，若不解脫便得解脫，諸漏不盡而得漏盡，不得無上安隱涅槃則得涅槃；學道者所須衣被、飲食、床榻、湯藥、諸生活具，彼一切求索易不難得。彼比丘依此林住，依此林住已，或無正念便得正念，其心不定而得定心，若不解脫便得解脫，諸漏不盡而得漏盡，不得無上安隱涅槃則得涅槃；學道者所須衣被、飲食、床榻、湯藥、諸生活具，彼一切求索易不難得。彼比丘應作是觀：我依此林住，或無正念便得正念，其心不定而得定心，若不解脫便得解脫，諸漏不盡而得漏盡，不得無上安隱涅槃則得涅槃；學道者所須衣被、飲食、床榻、湯藥、諸生活具，彼一切求索易不難得。彼比丘如是觀已，依此林住，乃可終身至其命盡。如依林住，塚間、村邑、依於人住，亦復如是。」

佛說如是，彼諸比丘聞佛所說，歡喜奉行。

林經第一竟千一百六十五字

（一○八）中阿含林品林經第二（第二小土城誦）

我聞如是：一時，佛遊舍衛國，在勝林給孤獨園。

爾時世尊告諸比丘：「比丘者，依一林住：我依此林住，或所為出家學道，欲得沙門義，此義於我得；學道者所須衣被、飲食、床榻、湯藥、諸生活具，彼一切求索易不難得。彼比丘依此林住，依此林住已，所為出家學道，欲得沙門義，此義於我不得；學道者所須衣被、飲食、床榻、湯藥、諸生活具，彼一切求索易不難得。彼比丘應作是觀：我出家學道，不為衣被故，不為飲食、床榻、湯藥故，亦不為諸生活具故，然我依此林住，所為出家學道，欲得沙門義，此義於我不得；學道者所須衣被、飲食、床榻、湯藥、諸生活具，彼一切求索易不難得。彼比丘如是觀已，可捨此林去。

「比丘者，依一林住：我依此林住，或所為出家學道，欲得沙門義，此義於我得；學道者所須衣被、飲食、床榻、湯藥、諸生活具，彼一切求索易不難得。彼比丘依此林住，依此林住已，所為出家學道，欲得沙門義，此義於我得；學道者所須衣被、飲食、床榻、湯藥、諸生活具，彼一切求索甚難可得。彼比丘應作是觀：我出家學道，不為衣被故，不為飲食、床榻、湯藥故，亦不為諸生活具故，然我依此林住，所為出家學道，欲得沙門義，此義於我得；學道者所須衣被、飲食、床榻、湯藥、諸生活具，彼一切求索甚難可得。彼比丘如是觀已，可住此林。

「比丘者，依一林住：我依此林住，或所為出家學道，欲得沙門義，此義於我得；學道者所須衣被、飲食、床榻、湯藥、諸生活具，彼一切求索易不難得。彼比丘依此林住，依此林住已，所為出家學道，欲得沙門義，此義於我不得；學道者所須衣被、飲食、床榻、湯藥、諸生活具，彼一切求索甚難可得。彼比丘應作是觀：我依此林住，所為出家學道，欲得沙門義，此義於我不得；學道者所須衣被、飲食、床榻、湯藥、諸生活具，彼一切求索甚難可得。彼比丘如是觀已，即捨此林，夜半而去，莫與彼別。

「比丘者，依一林住：我依此林住，或所為出家學道，欲得沙門義，此義於我得；學道者所須衣被、飲食、床榻、湯藥、諸生活具，彼一切求索易不難得。彼比丘依此林住，依此林住已，所為出家學道，欲得沙門義，此義於我得；學道者所須衣被、飲食、床榻、湯藥、諸生活具，彼一切求索易不難得。彼比丘應作是觀：我依此林住，所為出家學道，欲得沙門義，此義於我得；學道者所須衣被、飲食、床榻、湯藥、諸生活具，彼一切求索易不難得。彼比丘作是觀已，依此林住，乃可終身至其命盡。如依林住，塚間、村邑、依於人住，亦復如是。」

佛說如是，彼諸比丘聞佛所說，歡喜奉行。

林經第二竟八百三十一字

(一〇九)中阿含林品自觀心經第三第二小土城誦

我聞如是：一時，佛遊舍衛國，在勝林給孤獨園。

爾時世尊告諸比丘：「若有比丘不能善觀於他心者，當自善觀察於己心，應學如是。云何比丘善自觀心？比丘者，若有此觀，必多所饒益：『我為得內止，不得最上慧觀法耶？我為得最上慧觀法，不得內止耶？我為不得內止，亦不得最上慧觀法耶？我為得內止，亦得最上慧觀法耶？』

「若比丘觀已，則知我得內止，不得最上慧觀法者，彼比丘得內止已，當求最上慧觀法。彼於後時得內止，亦得最上慧觀法。若比丘觀已，則知我得最上慧觀法，不得內止者，彼比丘住最上慧觀法已，當求內止。彼於後時得最上慧觀法，亦得內止。若比丘觀已，則知我不得內止，亦不得最上慧觀法者，如是比丘不得此善法，為欲得故，便以速求方便，學極精勤，正念正智忍不令退。猶人為火燒頭、燒衣，急求方便救頭、救衣。如是比丘不得此善法，為欲得故，便以速求方便，學極精勤，正念正智忍不令退，彼於後時即得內止，亦得最上慧觀法。

「若比丘觀已，則知我得內止，亦得最上慧觀法，彼比丘住此善法已，當求漏盡智通作證。所以者何？我說不得畜一切衣，亦說得畜一切衣。

「云何衣我說不得畜？若畜衣便增長惡不善法，衰退善法者，如是衣我說不得畜。云何衣我說得畜？若畜衣便增長善法，衰退惡不善法者，如是衣我說得畜。

「如衣，飲食、床榻、村邑亦復如是。我說不得狎習一切人，亦說得狎習一切人。云何人我說不得狎習？若狎習人便增長惡不善法，衰退善法者，如是人我說不得狎習。云何人我說得與狎習？若狎習人便增長善法，衰退惡不善法者，如是人我說得與狎習。

「彼可習法知如真，不可習法亦知如真。彼可習法、不可習法知如真已，不可習法便不習，可習法便習。彼不可習⊙法不習，可習法習已，便增長善法，衰退惡不善法。是謂比丘善自觀心，善自知心，善取善捨。」

佛說如是，彼諸比丘聞佛所說，歡喜奉行。

自觀心經第三竟六百三十五字

（一一〇）中阿含林品自觀心經第四第二小土城誦

我聞如是：一時，佛遊舍衛國，在勝林給孤獨園。

爾時世尊告諸比丘：「若有比丘不能善觀於他心者，當自善觀察於己心，應學如是。云何比丘善自觀心？比丘者，若有此觀，必多所饒益：『我為多行增伺？為多行無增伺？我為多行瞋恚心？為多行無瞋恚心？我為多行睡眠纏？為多行無睡眠纏？我為多行調貢高？為多行無調貢高？我為多行疑惑？為多行無疑惑？我為多行身諍？為多行無身諍？我為多行穢污心？為多行無穢汙心？我為多行信？為多行不信？我為多行精進？為多行懈怠？我為多行念？為多行無念？我為多行定？為多行無定？我為多行惡慧？為多行無惡慧？』

「若比丘觀時，則知我多行增伺、瞋恚心、睡眠纏、調貢高、疑惑、身諍、穢汙心、不信、懈怠、無念、無定、多行惡慧者，彼比丘欲滅此惡不善法故，便以速求方便，學極精勤，正念正智忍不令退。猶人為火燒頭、燒衣，急求方便救頭、救衣；如是比丘欲滅此惡不善法故，便以速求方便，學極精勤，正念正智忍不令退。若比丘觀時，則知我多行無增伺、無瞋恚心、無睡眠纏、無調貢高、無疑惑、無身諍、無穢污心、有信、有進、有念、有定、多行無惡慧者，彼比丘住此善法已，當求漏盡智通作證。所以者何？我說不得畜一切衣，亦說得畜一切衣。

「云何衣我說不得畜？若畜衣便增長惡不善法，衰退善法者，如是衣我說不得畜。云何衣我說得畜？若畜衣便增長善法，衰退惡不善法者，如是衣我說得畜。

「如衣，飲食、床榻、村邑亦復如是。我說不得狎習一切人，亦說得狎習一切人。云何人我說不得狎習？若狎習人便增長惡不善法，衰退善法者，如是人我說不得狎習。云何人我說得與狎習？若狎習人便增長善法，衰退惡不善法者，如是人我說得與狎習。

「彼可習法知如真，不可習法亦知如真。彼可習法、不可習法知如真已，不可習法便不習，可習法便習。彼不可習法不習，可習法習已，便增長善法，衰退惡不善法。是謂比丘善自觀心，善自知心，善取善捨。」

佛說如是，彼諸比丘聞佛所說，歡喜奉行。

自觀心經第四竟六百六十字

(一一一)中阿含林品達梵行經第五第二小土城誦

我聞如是：一時，佛遊拘樓瘦，在劍磨瑟曇拘樓都邑。

爾時世尊告諸比丘：「我當為汝說法，初妙、中妙、竟亦妙，有文有義，具足清淨，顯現梵行，謂名達梵行，能盡諸漏。汝等諦聽！善思念之。」

時諸比丘受教而聽，世尊告曰：「汝等當知漏，知漏所因生，知漏有報，知漏勝如，知漏滅盡，知漏滅道。汝等當知覺，知覺所因生，知覺有報，知覺勝如，知覺滅盡，知覺滅道。汝等當知想，知想所因生，知想有報，知想勝如，知想滅盡，知想滅道。汝等當知欲，知欲所因生，知欲有報，知欲勝如，知欲滅盡，知欲滅道。汝等當知業，知業所因生，知業有報，知業勝如，知業滅盡，知業滅道。汝等當知苦，知苦所因生，知苦有報，知苦勝如，知苦滅盡，知苦滅道。

「云何知漏？謂有三漏：欲漏、有漏、無明漏，是謂知漏。云何知漏所因生？謂無明也。因無明則便有漏，是謂知漏所因生。云何知漏有報？謂無明纏者，為諸漏所漬，彼因此受報，或得善處，或得惡處，是謂知漏有報。云何知漏勝如？謂或有漏生地獄中，或有漏生畜生中，或有漏生餓鬼中，或有漏生天上，或有漏生人間，是謂知漏勝如。云何知漏滅盡？謂無明滅，漏便滅，是謂知漏滅盡。云何知漏滅道？謂八支聖道：正見乃至正定為八，是謂知漏滅道。若比丘如是知漏，知漏所因生，知漏受報，知漏勝如，知漏滅盡，知漏滅道者，是謂達梵行，能盡一切漏。

「云何知覺？謂有三覺：樂覺、苦覺、不苦不樂覺，是謂知覺。云何知覺所因生？謂更樂也。因更樂則便有覺，是謂知覺所因生。云何知覺有報？謂愛也。愛為覺報，是謂知覺有報。云何知覺勝如？謂比丘者，覺樂覺時便知覺樂覺，覺苦覺時便知覺苦覺，覺不苦不樂覺時便知覺不苦不樂覺；樂身、苦身、不苦不樂身，樂心、苦心、不苦不樂心，樂食、苦食、不苦不樂食，樂無食、苦無食、不苦不樂無食，樂欲、苦欲、不苦不樂欲，樂無欲、苦無欲，覺不苦不樂無欲覺時便知覺不苦不樂無欲覺，是謂知覺勝如。云何知覺滅盡？謂更樂滅，覺便滅，是謂知覺滅盡。云何知覺滅道？謂八支聖道：正見乃至正定為八，是謂知覺滅道。若比丘如是知覺，知覺所因生，知覺有報，知覺勝如，知覺滅盡，知覺滅道者，是謂達梵行，能盡一切覺。

「云何知想？謂有四想。比丘者，小想亦知，大想亦知，無量想亦知，無所有處想亦知，是謂知想。云何知想所因生？謂更樂也。因更樂則便有想，是謂知想所因生。云何知想有報？謂說也。隨其想便說，是謂知想有報。云何知想勝如？謂或有想想色，或有想想聲，或有想想香，或有想想味，或有想想觸，是謂知想勝如。云何知想滅盡？謂更樂滅，想便滅，是謂知想滅盡。云何知想滅道？謂八支聖道：正見乃至正定為八，是謂知想滅道。若比丘如是知想，知想所因生，知想有報，知想勝如，知想滅盡，知想滅道者，是謂達梵行，能盡一切想。

「云何知欲？謂有五欲功德，可愛、可喜、美色、欲想應、甚可樂。云何為五？眼知色，耳知聲，鼻知香，舌知味，身知觸，是謂知欲。云何知欲所因生?謂更樂也。因更樂則便有欲,是謂知欲所因生。云何知欲有報?謂隨欲種愛樂,著而住彼,因此受報有福處、無福處、不動處,是謂知欲有報。云何知欲勝如?謂或有欲欲色,或有欲欲聲,或有欲欲香,或有欲欲味,或有欲欲觸,是謂知欲勝如。云何知欲滅盡?謂更樂滅,欲便滅,是謂知欲滅盡。云何知欲滅道?謂八支聖道:正見乃至正定為八,是謂知欲滅道。若比丘如是知欲,知欲所因生,知欲受報,知欲勝如,知欲滅盡,知欲滅道者,是謂達梵行,能盡一切欲。

「云何知業?謂有二業:思、已思業,是謂知業。云何知業所因生?謂更樂也。因更樂則便有業,是謂知業所因生。云何知業有報?

謂或有業黑有黑報，或有業白有白報，或有業黑白黑白報，或有業不黑不白無報，業業盡，是謂知業有報。云何知業勝如？謂或有業生地獄中，或有業生畜生中，或有業生餓鬼中，或有業生天上，或有業生人間，是謂知業勝如。云何知業滅盡？謂更樂滅，業便滅，是謂知業滅盡。云何知業滅道？謂八支聖道：正見乃至正定為八，是謂知業滅道。若比丘如是知業，知業所因生，知業有報，知業勝如，知業滅盡，知業滅道者，是謂達梵行，能盡一切業。

「云何知苦？謂生苦、老苦、病苦、死苦、怨憎會苦、愛別離苦、所求不得苦、略五盛陰苦，是謂知苦。云何知苦所因生？謂愛也。因愛生苦，是謂知苦所因生。云何知苦有報？謂或有苦微遲滅，或有苦微疾滅，或有苦盛遲滅，或有苦盛疾滅，苦苦盡，是謂知苦有報。云何知苦勝如？謂不多聞愚癡凡夫，不遇善知識，不御聖法，①身生覺極苦甚重苦，命將欲絕，出此從外，更求於彼。或有沙門、梵志持一句呪，或二、三、四、多句呪，或持百句呪，彼治我苦。如是因求生苦，因習生苦，苦滅，是謂知苦勝如。云何知苦滅盡？謂愛滅，苦便滅，是謂知苦滅盡。云何知苦滅道？謂八支聖道：正見乃至正定為八，是謂知苦滅道。若比丘如是知苦，知苦所因生，知苦有報，知苦勝如，知苦滅盡，知苦滅道者，是謂達梵行，能盡一切苦。」

佛說如是，彼諸比丘聞佛所說，歡喜奉行。

達梵行經第五竟一千六百四十二字

（一一二）中阿含林品阿奴波經第六 第二小土城誦

我聞如是：一時，佛遊跋耆瘦，在阿奴波跋耆都邑。

爾時世尊則於晡時從宴起坐，堂上來下，告曰：「阿難！共汝往至阿夷羅恕帝河浴。」

尊者阿難白曰：「唯然。」

於是世尊將尊者阿難往至阿夷羅恕帝河，脫衣岸上，便入水浴。浴已還出，拭體著衣。

爾時尊者阿難執扇扇佛，於是世尊迴顧告曰：「阿難！提恕達哆以放逸故，墮極苦難必至惡處，生地獄中，住至一劫不可救濟。阿難！汝不曾從諸比丘聞，謂我一向記提和達哆必至惡處，生地獄中，住至一劫不可救濟耶？」

尊者阿難白曰：「唯然。」

爾時有一比丘語尊者阿難：「世尊以他心智知提和達哆心故，一向記提和達哆必至惡處，生地獄中，住至一劫不可救濟耶？」

世尊告曰：「阿難！彼比丘或有小，或有中，或有大，或年少不自知。所以者何？如來已一向記彼故有疑惑。阿難！我不見此世，天及魔、梵、沙門、梵志，從人至天，謂我一向記如提和達哆。所以者何？阿難！我一向記提和達哆必至惡處，生地獄中，住至一劫不可救濟。阿難！若我見提和達哆有白淨法如一毛許，我便不一向記提和達哆必至惡處，生地獄中，住至一劫不可救濟。阿難！我以不見提槃達哆有白淨法如一毛許，是故我一向記提槃達哆必至惡處，生地獄中，住至一劫不可救濟。

「阿難！猶去村不遠有大深廁，或人墮中，沒在其底。若人來，為起大慈哀，憐念愍傷，求義及饒益，求安隱快樂。彼人來已，旋轉視之，而作是說：『此人可得一處如毛髮許糞所不污，令我得捉挽出之耶？』彼遍觀視，不見此人有一淨處如毛髮許糞所不污，可得手捉挽出之也。如是，阿難！若我見提槃達哆有白淨法如一毛者，我不一向記提槃達哆必至惡處，生地獄中，住至一劫不可救濟。阿難！以我不見提槃達哆有白淨法如一毛許，是故我一向記提槃達哆必至惡處，生地獄中，住至一劫不可救濟。」

於是尊者阿難啼泣，以手抆淚白曰：「世尊！甚奇！甚特！謂世尊一向記提和達哆必至惡處，生地獄中，住至一劫不可救濟。」

世尊告曰：「如是，阿難！如是，阿難！我一向記提和達哆必至惡處，生地獄中，住至一劫不可救濟。阿難！若汝從如來聞大人根智分別者，必得上信如來而懷歡喜。」

於是尊者阿難叉手向佛，白曰：「世尊！今正是時。善逝！今正是時。若世尊為諸比丘說大人根智分別者，諸比丘從世尊聞，當善受持！」

世尊告曰：「阿難！諦聽！善思念之。我今為汝說大人根智分別。」

尊者阿難受教而聽，世尊告曰：「阿難！如來以他心智觀他人心，知此人成就善法，亦成就不善法。如來後時以他心智復觀此人心，知此人滅善法，生不善法。此人善法已滅，不善法已生，餘有善根而不斷絕，從此善根當復更生善，如是此人得清淨法。阿難！猶如平旦日初出時，闇滅明生。阿難！於意云何？日轉昇上至于食時，闇已滅，明已生耶？」

尊者阿難白曰：「爾也，世尊！」

「如是，阿難！如來以他心智觀他人心，知此人成就善法，亦成就不善法。如來後時以他心智復觀此人心，知此人滅善法，生不善法。此人善法已滅，不善法已生，餘有善根而不斷絕，從是善根當復更生善，如是此人得清淨法。阿難！猶如穀種，不壞不破，不腐不剖，不為風熱所傷，秋時密藏。若彼居士善治良田，以種灑中，隨時雨溉，阿難！於意云何？此種寧得轉增長不？」

尊者阿難白曰：「爾也，世尊！」

「如是，阿難！如來以他心智觀他人心，知此人成就善法，亦成就不善法。如來後時以他心智復觀此人心，知此人滅善法，生不善法。此人善法已滅，不善法已生，餘有善根而不斷絕，從是善根當復更生善，如是此人得清淨法。阿難！是謂如來大人根智，如是如來正知諸法本。

「復次，阿難！如來以他心智觀他人心，知此人成就善法，亦成就不善法。如來後時以他心智復觀此人心，知此人滅善法，生不善法。此人善法已滅，不善法已生，餘有善根而未斷絕，必當斷絕，如是此人得衰退法。阿難！猶如下晡日垂沒時，明滅闇生。阿難！於意云何？彼日已沒，明已滅，闇已生耶？」

尊者阿難白曰：「爾也，世尊！」

「如是，阿難！如來以他心智觀他人心，知此人成就善法，亦成就不善法。如來後時以他心智復觀此人心，知此人滅善法，生不善法。此人善法已滅，不善法已生，餘有善根而未斷絕，必當斷絕，如是此人得衰退法。阿難！猶如穀種，不壞不破，不腐不剖，不為風熱所傷，秋時密藏。若彼居士善治良田，以種灑中，雨不隨時，阿難！於意云何？此種寧得轉增長耶？」

尊者阿難白曰：「不也，世尊！」

「如是，阿難！如來以他心智觀他人心，知此人成就善法，亦成就不善法。如來後時以他心智復觀此人心，知此人滅善法，生不善法。此人善法已滅，不善法已生，餘有善根而未斷絕，必當斷絕，如是此人得衰退法。阿難！是謂如來大人根智，如是如來正知諸法本。

「復次，阿難！如來以他心智觀他人心，我不見此人有白淨法如一毛許，此人惡不善法一向充滿穢汚，為當來有本煩熱苦報，生老病死因；如是此人身壞命終必至惡處，生地獄中。阿難！猶如種子，腐壞破剖，為風熱所傷，秋時不密藏。若彼居士非是良田，又不善治，便下種子，雨不隨時，阿難！於意云何？此種寧得轉增長耶？」

尊者阿難白曰：「不也，世尊！」

「如是，阿難！如來以他心智觀他人心，我不見此人有白淨法如一毛許，此人惡不善法一向充滿穢汚，為當來有本煩熱苦報，生老病死因；如是此人身壞命終必至惡處，生地獄中。阿難！是謂如來大人根智，如是如來正知諸法本。」

於是尊者阿難叉手向佛，白曰：「世尊！已說如此三種之人，寧可更說異三種人耶？」

世尊告曰：「可說也，阿難！如來以他心智觀他人心，知此人成就不善法，亦成就善法。如來後時以他心智復觀此人心，知此人滅不善法而生善法。此人不善法已滅，善法已生，餘有不善根而不斷絕，從是不善根當復更生不善，如是此人得衰退法。阿難！猶如燃火，始然之時盡然一�。彼或有人益以燥草，足以槁木，阿難！於於意云何？彼火寧轉增熾盛耶？」

尊者阿難白曰：「爾也，世尊！」

「如是，阿難！如來以他心智觀他人心，知此人成就不善法，亦成就善法。如來後時以他心智復觀此人心，知此人滅不善法而生善法。此人不善法已滅，善法已生，餘有不善根而不斷絕，從是不善根當復更生不善，如是此人得衰退法。阿難！是謂如來大人根智，如是如來正知諸法本。

「復次，阿難！如來以他心智觀他人心，成就不善法，亦成就善法。如來後時以他心智復觀此人心，知此人滅不善法而生善法。此人不善法已滅，善法已生，餘有不善根而未斷絕，必當斷絕，如是此人得清淨法。阿難！猶如然火，熾然之時盡然一燋。彼或有人從此盛火，置平淨地或著石上，阿難！於意云何？彼火寧轉增熾盛耶？」

尊者阿難白曰：「不也，世尊！」

「如是，阿難！如來以他心智觀他人心，知此人成就不善法，亦成就善法。如來後時以他心智復觀此人心，知此人滅不善法而生善法。此人不善法已滅，善法已生，餘有不善根而未斷絕，必當斷絕，如是此人得清淨法。阿難！是謂如來大人根智，如是如來正知諸法本。

「復次，阿難！如來以他心智觀他人心，我不見此人有黑業如一毛許，此人善法一向充滿，與樂樂報，必生樂處而得長壽，如是此人即於現世必得般涅槃。阿難！猶如火炭，久滅已冷。彼或有人雖益以燥草，足以槁木，阿難！於意云何？彼死火炭寧可復得熾然之耶？」

尊者阿難白曰：「不也，世尊！」

「如是，阿難！如來以他心智觀他人心，我不見此人有黑業如一毛許，此人善法一向充滿與樂樂報，必生樂處而得長壽，如是此人即於現世必得般涅槃。阿難！是謂如來大人根智，如是如來正知諸法本。

「阿難！前說三人者，第一人得清淨法，第二人得衰退法，第三人身壞命終必至惡處，生地獄中。後說三人者，第一人得衰退法，第二人得清淨法，第三人即於現世得般涅槃。阿難！我已為汝說大人根智。如尊師所為弟子起大慈哀，憐念愍傷，求義及饒益，求安隱快樂，我今已作。汝等當復自作，至無事處山林樹下，空安靜處宴坐思惟，勿得放逸！勤加精進，莫令後悔！此是我之教勅，是我訓誨。」

佛說如是，彼諸比丘聞佛所說，歡喜奉行。

阿奴波經第六竟二千六百四十六字

中阿含經卷第二十七七千五百八十二字

中阿含經卷第二十八

東晉罽賓三藏瞿曇僧伽提婆譯

（一一三）中阿含林品諸法本經第七 第二小土城誦

我聞如是：一時，佛遊舍衛國，在勝林給孤獨園。

爾時世尊告諸比丘：「若諸異學來問汝等：『一切諸法以何為本？』汝等應當如是答彼：『一切諸法以欲為本。』彼若復問：『以何為和？』當如是答：『以更樂為和。』彼若復問：『以何為來？』當如是答：『以覺為來。』彼若復問：『以何為有？』當如是答：『以思想為有。』彼若復問：『以何為上主？』當如是答：『以念為上主。』彼若復問：『以何為前？』當如是答：『以定為前。』彼若復問：『以何為上？』當如是答：『以慧為上。』彼若復問：『以何為真？』當如是答：『以解脫為真。』彼若復問：『以何為訖？』當如是答：『以涅槃為訖。』是為，比丘！欲為諸法本，更樂為諸法和，覺為諸法來，思想為諸法有，念為諸法上主，定為諸法前，慧為諸法上，解脫為諸法真，涅槃為諸法訖。

「是故比丘當如是學，習出家學道心，習無常想，習無常苦想，習苦無我想，習不淨想，習惡食想，習一切世間不可樂想，習死想；

知世間好惡，習如是想心；知世間習有，習如是想心；知世間習、滅、味、患、出要如真，習如是想心。若比丘得習出家學道心者，得習無常想，得習無常苦想，得習苦無我想，得習不淨想，得習惡食想，得習一切世間不可樂想，得習死想；知世間好惡，得習如是想心；知世間習有，得習如是想心；知世間習、滅、味、患、出要如真，得習如是想心者，是謂比丘斷愛除結，正知正觀諸法已，便得苦邊。」

佛說如是，彼諸比丘聞佛所說，歡喜奉行。

諸法本經第七竟（四百五十七字）

（一一四）中阿含林品優陀羅經第八（第二小土城誦）

我聞如是：一時，佛遊舍衛國，在勝林給孤獨園。

爾時世尊告諸比丘：「優陀羅羅摩子，彼在衆中，數如是說：『於此生中，觀此覺此，不知癰本，然後具知癰本。』優陀羅羅摩子無一切知，自稱一切知；實無所覺，自稱有覺。優陀羅羅摩子如是見、如是說：『有者，是病、是癰、是刺。設無想者，是愚癡也。若有所覺，是止息、是最妙，謂乃至非有想非無想處。』彼自樂身，自受於身，自著身已，修習乃至非有想非無想處，身壞命終生非有想非無想天中。彼壽盡已，復來此間，生於狸中。此比丘正說者：『於此生中，觀此覺此，不知癰本，然後具知癰本。』

「云何比丘正觀耶?比丘者，知六更觸，知習、知滅、知味、知患、知出要，以慧知如真，是謂比丘正觀也。云何比丘覺？比丘者，知三覺，知習、知滅、知味、知患、知出要，以慧知如真，是謂比丘覺。云何比丘不知癰本，然後具知癰本？比丘者，知有愛滅，拔其根本，至竟不復生，是謂比丘不知癰本，然後具知癰本。

「癰者，謂此身也，色麤四大，從父母生，飲食長養，衣被按摩，澡浴強忍，是無常法、壞法、散法，是謂癰也。癰本者，謂三愛也。欲愛、色愛、無色愛，是謂癰本。癰一切漏者，謂六更觸處也。眼漏視色、耳漏聞聲、鼻漏嗅香、舌漏嘗味、身漏覺觸、意漏知諸法，是謂癰一切漏。

「比丘！我已為汝說癰，說癰本。如尊師所為弟子起大慈哀，憐念愍傷，求義及饒益，求安隱快樂者，我今已作。汝等亦當復自作，至無事處，山林樹下，空安靜處，燕坐思惟，勿得放逸！勤加精進，莫令後悔！此是我之教勅，是我訓誨。」

佛說如是，彼諸比丘聞佛所說，歡喜奉行。

優陀羅經第八竟五百一十四字

(一一五)中阿含林品蜜丸喻經第九第二小土城誦

我聞如是：一時，佛遊釋羇瘦，在迦維羅衛。

爾時世尊過夜平旦，著衣持鉢，為乞食故入迦維羅衛。食訖，中後收舉衣鉢，澡洗手足，以尼師壇著於肩上，往詣竹林釋迦寺中，入彼大林至一樹下，敷尼師檀結*跏趺☆坐。於是執杖釋拄杖而行，中後彷徉，往詣佛所，共相問訊，拄杖立佛前，問世尊曰：「沙門瞿曇以何為宗本？說何等法？」

世尊答曰：「釋！若一切世間，天及魔、梵、沙門、梵志，從人至天使不鬪諍，修習離欲清淨梵*行，捨離諂曲，除悔，不著有、非有，亦無想，是我宗本，說亦如是。」

於是執杖釋聞佛所說，不是不非，執杖釋奮頭而去。

於是世尊執杖釋去後不久，則於晡時從燕坐起，往詣講堂，比丘衆前敷座而坐，告諸比丘：「我今平旦著衣持鉢，為乞食故入迦維羅衞。食訖，中後收舉衣鉢，澡洗手足，以尼師檀著於肩上，往詣竹林釋迦寺中，入彼大林至一樹下，敷尼師檀結跏趺坐。於是執杖釋拄杖而行，中後彷徉，來詣我所，共相問訊，拄杖立我前，問我曰：『沙門瞿曇以何為宗本？說何等法？』我答曰：『釋！若一切世間，天及魔、梵、沙門、梵志，從人至天使不鬪諍，修習離欲清淨梵*行，捨離諂曲，除悔，不著有、非有，亦無想，是我宗本，說亦如是。』彼執杖釋聞我所說，不是不非，執杖釋奮頭而去。」

於是有一比丘即從坐起，偏袒著衣，叉手向佛，白曰：「世尊！云何一切世間，天及魔、梵、沙門、梵志，從人至天使不鬪諍？云何修習離欲得清淨梵*行？云何捨離諂曲，除悔，不著有、非有，亦無想耶？」

世尊告曰：「比丘！若人所因念出家學道，思想修習，及過去、未來、今現在法，不愛、不樂、不著、不住，是說苦邊。欲使、恚使、有使、慢使、無明使、見使、疑使、鬭諍、憎嫉、諛諂、欺誑、妄言、兩舌及無量惡不善之法，是說苦邊。」

佛說如是，即從坐起，入室燕坐。

於是諸比丘便作是念：「諸賢！當知世尊略說此義，不廣分別，即從坐起，入室燕坐。若人所因念出家學道，思想修習，及過去、未來、今現在法，不愛、不樂、不著、不住，是說苦邊。欲使、恚使、有使、慢使、無明使、見使、疑使、鬭諍、憎嫉、諛諂、欺誑、妄言、兩舌及無量惡不善之法，是說苦邊。」

彼復作是念：「諸賢！誰能廣分別世尊向所略說義？」

彼復作是念：「尊者大迦旃延，常為世尊之所稱譽，及諸智梵行人。尊者大迦旃延，能廣分別世尊向所略說義。諸賢！共往詣尊者大迦旃延所，請說此義。若尊者大迦旃延為分別者，我等當善受持。」

於是諸比丘往詣尊者大迦旃延所，共相問訊，却坐一面，白曰：「尊者大迦旃延！當知世尊略說此義，不廣分別，即從坐起，入室燕坐：『比丘！若人所因念出家學道，思想修習及過去、未來、今現在法，不愛、不樂、不著、不住，是說苦邊。欲使、恚使、有使、慢使、無明使、見使、疑使、鬪諍、憎嫉、諛諂、欺誑、妄言、兩舌及無量惡不善之法，是說苦邊。』我等便作是念：『諸賢！誰能廣分別世尊向所略說義?』我等復作是念:『尊者大迦旃延,常為世尊之所稱譽,及諸智梵行人。尊者大迦旃延,能廣分別世尊向所略說義。』唯願尊者大迦旃延,為慈愍故而廣說之!」

爾時尊者大迦旃延告曰:「諸賢!聽我說喻,慧者聞喻則解其義。諸賢!猶如有人欲得求實,為求實故,持斧入林。彼見大樹成根、莖、節、枝、葉、華、實,彼人不觸根、莖、節、實,但觸枝、葉。諸賢所說亦復如是,世尊現在,捨來就我而問此義。所以者何?諸賢!當知世尊是眼,是智,是義,是法,法主、法將,說真諦義,現一切義,由彼世尊。諸賢!應往詣世尊所,而問此義:『世尊!此云何?此何義?』如世尊說者,諸賢等當善受持!」

時諸比丘白曰：「唯然，尊者大迦旃延！世尊是眼，是智，是義，是法，法主、法將，說真諦義，現一切義，由彼世尊。我等應往詣世尊所而問此義：『世尊！此云何？此何義？』如世尊說者，我等當善受持。然尊者大迦旃延，常為世尊之所稱譽，及諸智梵行人。尊者大迦旃延，能廣分別世尊向所略說義。唯願尊者大迦旃延，為慈愍故而廣說之！」

尊者大迦旃延告諸比丘：「諸賢等共聽我所說。諸賢！緣眼及色生眼識，三事共會便有更觸，緣更觸便有所覺，若所覺便想，若所想便思，若所思便念，若所念便分別。比丘者，因是念出家學道，思想修習，此中過去、未來、今現在法，不愛、不樂、不著、不住，是說苦邊。欲使、恚使、有使、慢使、無明使、見使、疑使、鬪諍、憎嫉、諛諂、欺誑、妄言、兩舌及無量惡不善之法，是說苦邊。如是耳、鼻、舌、身，緣意及法生意識，三事共會便有更觸，緣更觸便有所覺，若所覺便想，若所想便*思，若所思便*念，若所念便分別。比丘者，因是念出家學道，思想修習，此中過去、未來、今現在法，不愛、不樂、不著、不住，是說苦邊。欲使、恚使、有使、慢使、無明使、見使、疑使、鬪諍、憎嫉、諛諂、欺誑、妄言，兩舌及無量惡不善之法，是說苦邊。

「諸賢！比丘者，除眼、除色、除眼識，有更觸施設更觸者，是處不然。若不施設更觸，有覺施設覺者，是處不然。若不施設覺，有施設念，出家學道，思想修習者，是處不然。如是耳、鼻、舌、身，除意、除法、除意識，有更觸施設更觸者，是處不然。若不施設更觸，有覺施設覺者，是處不然。若不施設覺，有施設念，出家學道，思想修習者，是處不然。

「諸賢！比丘者，因眼、因色、因眼識，有更觸施設更觸者，必有此處。因施設更觸，有覺施設覺者，必有此處。因施設覺，有施設念，出家學道，思想修習者，必有此處。如是耳、鼻、舌、身，因意、因法、因意識，有更觸施設更觸者，必有此處。因施設更觸，有覺施設覺者，必有此處。因施設覺，有施設念，出家學道，思想修習者，必有此處。

「諸賢！謂世尊略說此義，不廣分別，即從坐起，入室燕坐。比丘！若人所因念出家學道，思想修習及過去、未來、今現在法，不愛、不樂、不著、不住，是說苦邊。欲使、恚使、有使、慢使、無明使、見使、疑使、鬪諍、憎嫉、諛諂、欺誑、妄言、兩舌及無量惡不善之法，是說苦邊。此世尊略說不廣分別義，我以此句、以此文廣說如是。諸賢！可往向佛具陳，若如世尊所說義者，諸賢等便可受持。」

於是諸比丘聞尊者大迦旃延所說，善受持誦，即從坐起，遶尊者大迦旃延三匝而去。往詣佛所，稽首作禮，却坐一面，白曰：「世尊！向世尊略說此義，不廣分別，即從坐起，入室宴坐。尊者大迦旃延以此句、以此文，而廣說之。」

世尊聞已，歎曰：「善哉！善哉！我弟子中有眼、有智、有法、有義。所以者何？謂師為弟子略說此義，不廣分別；彼弟子以此句、以此文，而廣說之。如迦旃延比丘所說，汝等應當如是受持。所以者何？以說觀義應如是也。比丘！猶如有人因行無事處，山林樹間，忽得蜜丸，隨彼所食而得其味。如是，族姓子！於我此正法律，隨彼所觀而得其味，觀眼得味，觀耳、鼻、舌、身，觀意得味。」

爾時尊者阿難執拂侍佛，於是尊者阿難叉手向佛，白曰：「世尊！此法名何等？我當云何奉持？」

世尊告曰：「阿難！此法名為蜜丸喻，汝當受持！」

於是世尊告諸比丘：「汝等受此蜜丸喻法，當諷誦讀。所以者何？比丘！此蜜丸喻有法有義，梵行之本，趣通趣覺，趣於涅槃。若族姓子剃除鬚髮，著袈裟衣，至信捨家無家學道者，當善受持此蜜丸喻。」

佛說如是，尊者阿難及諸比丘聞佛所說，歡喜奉行。

蜜丸喻經第九竟二千二百七十二字

（一一六）中阿含林品瞿曇彌經第十第二小土城誦

我聞如是：一時，佛遊釋羈瘦，在迦維羅衛尼拘類樹園，與大比丘衆俱受夏坐。

爾時瞿曇彌大愛往詣佛所，稽首佛足，却住一面，白曰：「世尊！女人可得第四沙門果耶？因此故，女人於此正法律中，至信捨家無家學道耶？」

世尊告曰：「止！止！瞿曇彌！汝莫作是念：『女人於此正法律中，至信捨家無家學道。』瞿曇彌！如是汝剃除頭髮，著袈裟衣，盡其形壽淨修梵行。」

於是瞿曇彌大愛為佛所制，稽首佛足，繞三匝而去。

爾時諸比丘為佛治衣，世尊不久於釋羇瘦受夏坐竟，補治衣訖，過三月已，攝衣持鉢，當遊人間。瞿曇彌大愛聞諸比丘為佛治衣，世尊不久於釋羇瘦受夏坐竟，補治衣訖，過三月已，攝衣持鉢，當遊人間。瞿曇彌大愛聞已，復詣佛所，稽首佛足，却住一面，白曰：「世尊！女人可得第四沙門果耶？因此故，女人於此正法律中，至信捨家無家學道耶？」

世尊亦再告曰：「止！止！瞿曇彌！汝莫作是念：『女人於此正法律中，至信捨家無家學道。』瞿曇彌！如是汝剃除頭髮，著袈裟衣，盡其形壽淨修梵行。」

於是瞿曇彌大愛再為佛所制，稽首佛足，遶三匝而去。

彼時世尊於釋羇瘦受夏坐竟，補治衣訖，過三月已，攝衣持鉢，遊行人間。瞿曇彌大愛聞世尊於釋羇瘦受夏坐竟，補治衣訖，過三月已，攝衣持鉢，遊行人間。瞿曇彌大愛即與舍夷諸老母，俱隨逐佛後，展轉往至那摩提，住那摩提揵尼精舍。於是瞿曇彌大愛復詣佛所，稽首佛足，却住一面，白*曰：「世尊！女人可得第四沙門果耶？因此故，女人於此正法律中，至信捨家無家學道耶？」

世尊至三告曰：「止！止！瞿曇彌！汝莫作是念：『女人於此正法律中，至信捨家無家學道。』瞿曇彌大愛！如是汝剃除頭髮，著袈裟衣，盡其形壽淨修梵行。」

於是瞿曇彌大愛三為世尊所制，稽首佛足，繞三匝而去。

彼時瞿曇彌大愛塗跣汚足，塵土坌體，疲極悲泣住立門外。尊者阿難見瞿曇彌大愛塗跣汚足，塵土坌體，疲極悲泣住立門外，見已問曰：「瞿曇彌！以何等故，塗*跣汚足，塵土坌體，疲極悲泣住立門外？」

瞿曇彌大愛答曰：「尊者阿難！女人不得於此正法律中，至信捨家無家學道。」

尊者阿難語曰：「瞿曇彌！今且住此，我往詣佛，白如是事。」

瞿曇彌大愛白曰：「唯然，尊者阿難！」

於是尊者阿難往詣佛所，稽首佛足，叉手向佛，白曰：「世尊！女人可得第四沙門果耶？因此故，女人得於此正法律中，至信捨家無家學道耶？」

世尊告曰：「止！止！阿難！汝莫作是念：『女人得於此正法律中，至信捨家無家學道。』阿難！若使女人得於此正法律中，至信捨家無家學道者，令此梵行便不得久住。阿難！猶如人家多女少男者，此家為得轉興盛耶？」

尊者阿難白曰：「不也，世尊！」

「如是，阿難！若使女人得於此正法律中，至信捨家無家學道者，令此梵行不得久住。阿難！猶如稻田及麥田中，有穢生者必壞彼田。如是，阿難！若使女人得於此正法律中，至信捨家無家學道者，令此梵行不得久住。」

尊者阿難復白曰：「世尊！瞿曇彌大愛為世尊多所饒益，所以者何？世尊母亡後，瞿曇彌大愛鞠養世尊。」

世尊告曰：「如是，阿難！如是，阿難！瞿曇彌大愛多饒益我，謂母亡後鞠養於我。阿難！我亦多饒益於瞿曇彌大愛。所以者何？阿難！瞿曇彌大愛因我故，得歸佛、歸法、歸比丘僧，不疑三尊及苦、習、滅、道，成就於信，奉持禁戒，修學博聞，成就布施而得智慧，離殺、斷殺，離不與取、斷不與取，離邪婬、斷邪婬，離妄言、斷妄言，離酒、斷酒。阿難！若使有人因人故，得歸佛、歸法、歸比丘僧，不疑三尊及苦、習、滅、道，成就於信，奉持禁戒，修學博聞，成就布施而得智慧，離殺、斷殺，離不與取、斷不與取，離邪婬、斷邪婬，離妄言、斷妄言，離酒、斷酒。阿難！設使此人為供養彼人衣被、飲食、臥具、湯藥、諸生活具，至盡形壽不得報恩。

「阿難！我今為女人施設八尊師法，謂女人不當犯，女人奉持，盡其形壽。阿難！猶如魚師及魚師弟子，深水作塢，為守護水不令流出。如是，阿難！我今為女人說八尊師法，謂女人不當犯，女人奉持，盡其形壽。云何為八？阿難！比丘尼當從比丘求受具足。阿難！我為女人施設此第一尊師法，謂女人不當犯，女人奉持，盡其形壽。阿難！比丘尼半月半月，往從比丘受教。阿難！我為女人施設此第二尊師法，謂女人不當犯，女人奉持，盡其形壽。

「阿難！若住止處設無比丘者，比丘尼便不得受夏坐。阿難！我為女人施設此第三尊師法，謂女人不當犯，女人奉持，盡其形壽。

「阿難！比丘尼受夏坐訖，於兩部眾中，當請三事：求見、聞、疑。阿難！我為女人施設此第四尊師法，謂女人不當犯，女人奉持，盡其形壽。

「阿難！若比丘不聽比丘尼問者，比丘尼則不得問比丘經、律、阿毘曇，若聽問者，比丘尼得問經、律、阿毘曇。阿難！我為女人施設此第五尊師法，謂女人不當犯，女人奉持，盡其形壽。

「阿難！比丘尼不得說比丘所犯，比丘得說比丘尼所犯。阿難！我為女人施設此第六尊師法，謂女人不當犯，女人奉持，盡其形壽。

「阿難！比丘尼若犯僧伽婆尸沙，當於兩部衆中，十五日行不慢。阿難！我為女人施設此第七尊師法，謂女人不當犯，女人奉持，盡其形壽。

「阿難！比丘尼受具足，雖至百歲，故當向始受具足比丘極下意稽首作禮，恭敬承事，叉手問訊。阿難！我為女人施設此第八尊師法，謂女人不當犯，女人奉持，盡其形穢。

「阿難！我為女人施設此八尊師法，謂女人不當犯，女人奉持，盡其形壽。阿難！若瞿曇彌大愛奉持此八尊師法者，是此正法律中出家學道，得受具足作比丘尼。」

於是尊者阿難聞佛所說，善受善持，稽首佛足，繞三匝而去，往詣瞿曇彌大愛所，語曰：「瞿曇彌！女人得於此正法律中，至信捨家*無家學道。瞿曇彌大愛！世尊為女人施設此八尊師法，謂女人不當犯，女人奉持，盡其形壽。云何為八？瞿曇彌！比丘尼當從比丘求受具足。瞿曇彌！世尊為女人施設此第一尊師法，謂女人不當犯，女人奉持，盡其形壽。

「瞿曇彌！比丘尼半月半月，往從比丘受教。瞿曇彌！世尊為女人施設此第二尊師法，謂女人不當犯，女人奉持，盡其形壽。

「瞿曇彌！若住止處無比丘者，比丘尼不得受夏坐。瞿曇彌！世尊為女人施設此第三尊師法，謂女人不當犯，女人奉持，盡其形壽。

「瞿曇彌！比丘尼受夏坐訖，於兩部衆中當請三事：求見、聞、疑。瞿曇彌！世尊為女人施設此第四尊師法，謂女人不當犯，女人奉持，盡其形壽。

「瞿曇彌！若比丘不聽比丘尼問者，比丘尼不得問比丘經、律、阿毘曇；若聽問者，比丘尼得問經、律、阿毘曇。瞿曇彌！世尊為女人施設此第五尊師法，謂女人不當犯，女人奉持，盡其形壽。

「瞿曇彌！比丘尼不得說比丘所犯，比丘得說比丘尼所犯。瞿曇彌！世尊為女人施設此第六尊師法，謂女人不當犯，女人奉持，盡其形壽。

「瞿曇彌！比丘尼苦犯僧伽婆尸沙，當於兩部衆中，十五日行不慢。瞿曇彌！世尊為女人施設此第七尊師法，謂女人不當犯，女人奉持，盡其形壽。

「瞿曇彌！比丘尼受具足，雖至百歲，故當向始受具足比丘極下意稽首作禮，恭敬承事，叉手問訊。瞿曇彌！世尊為女人施設此第八尊師法，謂女人不當犯，女人奉持，盡其形壽。

「瞿曇彌！世尊為女人施設此八尊師法，謂女人不當犯，女人奉持，盡其形壽。瞿曇彌！世尊如是說：『若瞿曇彌大愛奉持此八尊師法者，是此正法律中出家學道，得受具足作比丘尼。』」

於是瞿曇彌大愛白曰：「尊者阿難！聽我說喻，智者聞喻則解其義。尊者阿難！猶刹利女，梵志、居士、工師女，端正姝好，極淨沐浴，以香塗身著明淨衣、種種瓔珞嚴飾其容。或復有人為念彼女，求利及饒益，求安*隱快樂，以青蓮華*鬘，或瞻蔔華鬘，或修摩那華*鬘，或婆師華*鬘，或阿提牟多華*鬘，持與彼女。彼女歡喜兩手受之，以嚴其頭。如是，尊者阿難！世尊為女人施設此八尊師法，我盡形壽頂受奉持。」

爾時瞿曇彌大愛於正法律中出家學道，得受具足作比丘尼。彼時瞿曇彌大愛於後轉成大比丘尼衆，與諸長老上尊比丘尼，為王者所識，久修梵行，共俱往詣尊者阿難所，稽首作禮，却住一面，白曰：「尊者阿難！當知此諸比丘尼長老上尊，為王者所識，久修梵行。彼諸比丘年少新學，晚後出家，入此正法律甫爾不久。願令此諸比丘為諸比丘尼，隨其大小，稽首作禮，恭敬承事，叉手問訊。」

於是尊者阿難語曰：「瞿曇彌！今且住此，我往詣佛白如是事。」

瞿曇彌大愛白曰：「唯然，尊者阿難！」

於是尊者阿難往詣佛所，稽首佛足，却住一面，叉手向佛，白曰：「世尊！今日瞿曇彌大愛與諸比丘尼長老上尊，為王者所識，久修梵行，俱來詣我所，稽首我足，却住一面，叉手語我曰：『尊者阿難！此諸比丘尼長老上尊，為王者所識，久修梵行。彼諸比丘年少新學，晚後出家，入此正法律甫爾不久。願令此諸比丘為諸比丘尼，隨其大小，稽首作禮，恭敬承事，叉手問訊。』」

世尊告曰：「止！止！阿難！守護此言，慎莫說是。阿難！若使汝知如我知者，不應說一句，況復如是說？阿難！若使女人不得於正法律中，至信捨家無家學道者，諸梵志、居士當以衣布地而作是說：『精進沙門，可於上行；精進沙門，難行而行。令我長夜得利饒益，安隱快樂。』阿難！若女人不得於此正法律中，至信捨家無家學道者，諸梵志、居士當以頭髮布*地而作是說：『精進沙門，可於上行；精進沙門，難行而行。令我長夜得利饒益，安隱快樂。』

「阿難！若女人不得於此正法律中，至信捨家無家學道者，諸梵志、居士若見沙門，當以手奉種種飲食，住道邊待而作是說：『諸尊！受是食是，可持是去，隨意所用，令我長夜得利饒益，安隱快樂。』阿難！若女人不得於此正法律中，至信捨家無家學道者，諸信梵志見精進沙門，敬心扶抱將入於內，持種種財物與精進沙門而作是說：『諸尊！受是可持是去，隨意所用，令我長夜得利饒益，安隱快樂。』「阿難！若女人不得於此正法律中，至信捨家無家學道者，此日月有大如意足，有大威德，有大福祐，有大威神，然於精進沙門威神之德猶不相及，況復死瘦異學耶？阿難！若女人不得於此正法律中，至信捨家無家學道者，正法當住千年，今失五百歲，餘有五百年。阿難！當知女人不得行五事，若女人作如來、無所著、等正覺，及轉輪王、天帝釋、魔王、大梵天者，終無是處。當知男子得行五事，若男子作如來、無所著、等正覺，及轉輪王、天帝釋、魔王、大梵天者，必有是處。」

佛說如是，尊者阿難及諸比丘聞佛所說，歡喜奉行。

瞿曇彌經第十竟三千三百五十六字

中阿含經卷第二十八六千五百九十九字

中阿含林品第五竟萬四千一百八十二字　**第二小土城誦**

南無護法韋馱尊天菩薩

中阿含經

主　編—全佛編輯部
出 版 者—全佛文化出版社
地址／台北市信義路三段二〇〇號五樓
永久信箱／台北郵政二六～三四一號信箱
電話／(〇二) 七〇一一〇五七・七〇一〇九四五
郵撥／一七六二六五五八　全佛文化出版社
全套定價—新台幣一二〇〇元（八冊）
初　版—一九九七年四月

國家圖書館出版品預行編目資料

中阿含經／（東晉）罽賓三藏瞿曇僧伽提婆譯；
全佛編輯部主編. --初版. --臺北市 ： 全
佛文化，1997［民 86］
冊； 公分

ISBN 957-9462-68-2(一套 ： 平裝)

1.小乘經典

221.82 86004085

隨身佛典

中阿含經

東晉罽賓三藏瞿曇僧伽提婆　譯

隨身佛典

中阿含經

東晉罽賓三藏瞿曇僧伽提婆　譯